O idioma da crítica

Horacio González

organização e apresentação
Eduardo Rinesi

Biblioteca Básica Latino-Americana - número 3
O idioma da crítica - Horácio González

Asessoria jurídica: **Ana Luísa Chafir**

Projeto gráfico: **Pablo Marchant**

Tradução **Julia Borges da Silva e André Magnelli**

ISBN **978-85-63574-69-5**

Dezembro de 2021

O idioma da crítica

BIBLIOTECA BÁSICA LATINO-AMERICANA

A partir de seus anos de exílio, Darcy Ribeiro tomou para si — e nunca mais largou — a tarefa de pensar a América Latina e a inserção do Brasil nesse continente essencial. Sua ação sempre se deu como intelectual, como político e como cidadão do mundo. No início da década de 1960, já tentara implantar a Biblioteca Básica Brasileira — BBB, que reunia obras fundamentais para a reflexão da formação do Brasil e, ao final dos anos 1980, montou a Biblioteca Latino-Americana no Memorial da América Latina, na cidade de São Paulo.

Darcy Ribeiro sempre fez de suas buscas um modo de agrupar e disseminar saberes e conhecimentos. A Fundação Darcy Ribeiro, em continuidade a esse sonho, decidiu por empreender a Biblioteca Básica Latino-Americana — BBLA, iniciando a publicação de seus primeiros livros neste ano que antecede as comemorações do centenário de nascimento de Darcy Ribeiro, em 2022.

A proposta da coleção é realizar o mapeamento, a apresentação, a reflexão e o estímulo à criação sobre a cultura e o pensamento latino-americano, através da publicação de livros de ensaios de importantes pensadores e artistas do continente. O objetivo consiste em alcançar um público amplo, por meio de livros com conteúdo de qualidade, em edições atrativas e bem-cuidadas, que terão versão em português, espanhol e inglês e publicação em diversos países.

Para uma tarefa de tal magnitude, complexidade e responsabilidade, convidamos renomados intelectuais latino-americanos, alguns deles amigos pessoais de Darcy Ribeiro, para compor o Conselho Curador da Coleção, que estabeleceram critérios básicos a serem seguidos pela BBLA:

— Buscar a síntese entre o foco e a difusão da cultura Latino-Americana, o presente e o crescente;

— Identificar as semelhanças na multiplicidade de povos, formações e expressões e tentar construir um corpo comum a partir da proveniência dos nomes, conceitos e saberes latino-americanos;

— Estabelecer diálogo com as diversidades culturais dos povos transplantados, povos novos, povos testemunho, fluxos migratórios, populações compostas, minorias, alteridades radicais e periféricas no embate do processo civilizatório

— Apresentar por meio de ensaios, contos, poesia, entrevistas, temas relacionados à antropologia, sociologia, filosofia, literatura, teatro, conteúdos que expressem a maior quantidade de interseções culturais.

Sabemos da complexidade e diversidade dos temas a serem abordados, assim como dos obstáculos a serem superados para se constituir um corpo de saberes e prazeres, consistente e relevante para o público leitor. Esse é o nosso maior desafio!

Esta coleção é uma obra coletiva, fruto do trabalho de uma equipe editorial comprometida com o propósito de semear e disseminar saberes produzidos nesse imenso continente latino-americano. É também uma obra viva, em movimento, que vai integrando autores e protagonistas à medida que incorpora novas abordagens, temas e questões cada vez mais contemporâneas e candentes.

Agradecemos aos conselheiros curadores que generosamente aceitaram o desafio de pensar e orientar esta coleção, aos autores por acreditarem no projeto, à equipe editorial que, como diria Darcy, trabalha com muita determinação para plantar no chão do mundo essas sementes, e às editoras, pela colaboração em empreender este projeto. A todos, e a você leitor, muito obrigado por apoiar a Fundação Darcy Ribeiro.

Trazer a público esta coleção é atualizar os debates em torno da América Latina e refletir sobre esse encantamento necessário, ainda por consolidar, de integração da América Ibérica ao sonho de criação do bloco latino-americano. Esta é, sem dúvida, a função mais essencial desta Biblioteca Básica Latino-Americana.

José Ronaldo A. Cunha
Fundação Darcy Ribeiro
Presidente

BBLA, A UTOPIA É AQUI

NÚMEROS PUBLICADOS

1. *A América Latina existe?*, de Darcy Ribeiro – org. e apres. de Eric Nepomuceno (novembro de 2021)

2. *América Latina, um povo em marcha,* de Ángel Rama – org. e apres. de Facundo Gómez (dezembro de 2021)

3. *O idioma da crítica*, de Horacio González – org. e apres. de Eduardo Rinesi (janeiro de 2022)

4. *O voo do Tukui,* de Ana Pizarro – org. de Rocío Casas, apres. de Hugo Achugar (fevereiro de 2022)

5. *Améfrika Ladina,* de Lélia González – org. e apres. de Melina de Lima (março de 2022)

6. *O direito ao delírio*, de Eduardo Galeano – org. de Sergio Cohn, apres. de Eric Nepomuceno (abril de 2022)

7. *Desenhos das letras latino-americanas*, de Saúl Sosnowski – org. e apres. de Roxana Patiño (maio de 2022)

8. *A arte interessada*, de Mário de Andrade – org. de Sergio Cohn e André Magnelli, apres. de André Magnelli (junho de 2022)

9. *Padrões e dilemas*, de Florestan Fernandes – org. e apres. de Gabriel Cohn (julho de 2022)

10. *Modos de vida civil*, de Gabriel Cohn – apres. de Eduardo Rinesi (novembro de 2022)

SUMÁRIO

APRESENTAÇÃO
POR EDUARDO RINESI

1.

O nascimento da Sociologia na Argentina é quase contemporâneo ao início de sua jornada na França e na Alemanha. Ela é filha do mesmo tipo de transformação social, demográfica e urbana. Se lá, na velha Europa, a sociologia foi uma consequência dos impactos na organização da vida coletiva vindos do desenvolvimento da atividade econômica sob o signo do capitalismo industrial e de sua conhecida cadeia de danos, aqui, na Argentina, ela respondeu ao impacto da chegada de fortes contingentes migratórios expulsos pelo mesmo desenvolvimento. Em nosso país, os setores dominantes tinham acabado de terminar a tarefa de "conquistar" as vastas extensões interiores sobre as quais iriam construir o futuro da Argentina como um poder exportador de carne e grãos. Desde os anos das primeiras gerações literárias nacionais, havia sido organizada, ainda, uma reflexão política e social sobre as condições necessárias para a gestação desse futuro, o que foi feito em torno da dicotomia sarmientina [Domingo Faustino Sarmiento (1811-1888), que foi, no século XIX, presidente da Argentina, jornalista e escritor, autor do clássico latino-americano Facundo o

Civilización y Barbarie, em 1845], entre civilização e barbárie. Toda essa comoção da vida do cidade-porto obrigou a se colocar o conhecido tópico da multidão no centro das preocupações da teoria e também da política. Ao mesmo tempo, impôs-se a questão sobre os modos pelos quais o governo do Estado poderia contribuir para fazer dessa multidão um povo. Com essas preocupações, e ao longo de sete décadas, desenvolve-se na Argentina uma sociologia cuja forte entonação positivista não a deixa menos interessante, e em que brilham especialmente os nomes de José María Ramos Mejía, Ernesto Quesada e José Ingenieros.

O esgotamento dessa primeira experiência de sociologia no país é contemporâneo ao assentamento e à integração dos filhos daquelas massas de imigrantes na vida social e política da nação. Eles haviam abalado bastante as bases do velho liberalismo político argentino do século XIX, e, uma geração depois, já passaram a constituir a base social de uma sociedade bem diferente. Ela tinha conhecido a experiência política democrática do *yrigoyenismo* (A expressão se refere ao período de liderança de Hipólito Yrigoyen (1852-1933), que foi presidente da Argentina por duas vezes: entre 1912 e 1920, depois entre 1928 e 1930). ocorrida entre 1916 e o golpe militar de 1930 e, desde então, ela avançava combinando o autoritarismo político — que se adequava aos projetos da oligarquia dominante — e uma moderada modernização industrial por meio do modelo de substituição de importações. Nesses anos, e na ausência de uma sociologia com a força dos anos prévios, as grandes reflexões sobre essas mudanças ocorreram mais exatamente na área do ensaio social crítico, que foi implantado em uma área que talvez possamos chamar de "liberal", onde se destacava o nome maior de Ezequiel Martínez Estrada, e também em outra área que corresponde ao que se chama de "nacionalista", em que se destacavam os escritos (afluentes da metafísica de Macedonio Fernández e não tão longe dos tons dos jovens Borges) de Raúl Scalabrini Ortiz. Vale a pena notar aqui esses nomes, que a futura sociologia acadêmica argentina cometeria o enorme erro de desprezar, mas nos quais podem ser encontradas reflexões sutis, formuladas de outra forma, em grande estilo, sobre a vida social, política e espiritual do país, tendo seu capital formado nos anos anteriores à nova comoção que seria representada pela irrupção do peronismo. Quando isso ocorreu, Scalabrini, que havia escrito *El hombre que está solo y espera* em 1934, poderia supor, em uma bela crônica do dia de 17 de outubro de 1945, que era justamente isso que aqueles membros da *lonely crowd* da "década infame" estavam esperando, enquanto Martínez Estrada expressou sua indignação em algumas "catilinárias", que intitulou, com escândalo sugestivo, *¿Qué es esto?*.

Mas não foi outra, na realidade, a pergunta que, de uma forma ou de outra, começava naquela época a formular e a se formular, tratando de entender aquele novo fenômeno da vida social e política argentina. Naqueles anos, a sociologia buscava, pela segunda vez após a experiência positivista da virada do século, encontrar seu lugar entre os discursos universitários que lutavam para dar conta da realidade social do país. E, sobretudo, não foi outra a pergunta que começou naquela época a formular e se formular aquele que viria a se tornar o maior expoente da experiência dessa sociologia de modernização e desenvolvimento, que encontraria no fenômeno do peronismo o enigma principal para tentar decifrar, tipificar e pensar. *O que é isto?* A pergunta, na verdade, foi feita mil vezes pelo italiano Gino Germani, que havia chegado a Buenos Aires, fugindo do fascismo, em 1934, tendo se juntado à Faculdade de Filosofia e Letras da Universidade de Buenos Aires e ao seu muito novo Instituto de Sociologia. Ele havia estudado com muita seriedade a estrutura social do país que o havia recebido, tentando nomear a experiência que, desde meados da década de 40, abalou a vida pública argentina. No extraordinário livro *Populismo progressivo*, de 2018, o pesquisador italiano Pasquale Serra estuda a preocupação de Germani com esse problema, que em um sentido importante é o grande problema de sua vida e de sua obra, revelando os deslocamentos que levaram o autor de *Política y sociedad en una época de transición* a pensar no peronismo, sucessivamente, como um fenômeno fascista determinado pelo caráter totalitário da ideologia com que operava a integração das massas na vida moderna; como uma experiência autoritária semelhante àquelas conhecidas em muitos processos de modernização social de outros lugares; e como um fenômeno "nacional-popular", tal como aqueles que haviam interessado Antonio Gramsci, em seu país natal, de quem o próprio pensamento não estaria tão longe quanto uma leitura mais convencional de ambos poderia fazer pensar.

Mas se a importância dos livros de Germani é muito grande, não é menor o forte espírito modernizador com que seu autor promoveu, na antiga Faculdade de Filosofia e Letras da UBA, a criação da carreira de Sociologia, que dá à disciplina um novo lugar na vida universitária nacional em torno dessa agenda de problemas que acabamos de apontar relacionados à modernização e ao desenvolvimento, tendo uma espécie de olhar crítico sobre o populismo em geral, e sobre o peronismo em particular, como sendo desvios inconvenientes desses impulsos. Esse tipo de olhar crítico foi o que dominou uma área da discussão que incluía as diferentes versões do marxismo em que boa parte da primeira ninhada de discípulos de Germani militava — um sinal dos tempos e da organização das discussões em todo o mundo. Outros não. Outros, sensíveis às particularidades da história nacional, relutantes em aceitar que os vários relevos dessa história tinham que ser achatados em nome de leis cujo caráter universal começaram a contestar, sendo bons leitores dos avisos metodológicos que haviam aprendido nos livros do altamente valorizado Charles Wright Mills, estando atentos às novidades políticas e conceituais dos movimentos de libertação nacional em todo o Terceiro Mundo e às obras dos mais renovadores dos cânones estabelecidos, como as de Frantz Fanon ou — mais próximo — de Darcy Ribeiro, preferiam articular uma orientação geral "de esquerda" de seus compromissos públicos com uma preocupação não menos zelosa com as questões nacional e latino-americana. No final dos anos 1960, era conhecida a distinção entre as cátedras ocupadas pelos recém-formados, ainda muito jovens, que tinham estudado alguns anos antes com Germani. Tinham aquelas que eram chamadas de "marxistas", que gozavam de forte credibilidade e prestígio acadêmico, e as que optaram por se chamar "nacionais", em contraponto insolente com aquelas.

Entre os grandes expoentes destas últimas, menciono aqui apenas três. Em primeiro lugar, Alcira Argumedo, protagonista fundamental dessa experiência, cujo espírito permaneceu singularmente fiel pelo resto de sua vida, ao longo da qual desenvolveu um pensamento que, inspirando-se nas leituras daqueles anos, pensou nos problemas da dominação cultural dos poderes do Ocidente sobre suas antigas colônias e na necessidade de perseverar no que chamou de "matriz de pensamento" latino-americana a fim de ter condições para enfrentá-la. Em segundo lugar, Roberto Carri, que escreveu em 1967 *Sindicatos y poder en la Argentina*, com uma visão muito diferente daquela que dominava a sociologia acadêmica sobre o mundo do trabalho e sua organização; em 1968, escreveu *Isidro Velázquez*, que, inspirado em Fanon, Marcuse e nas versões mais úteis das teorias da dependência, busca traçar os contornos de um sistema de subordinação econômica de um país — e sobretudo de suas áreas mais miseráveis — a partir da história de um trabalhador rural infeliz perseguido pela polícia e amado pelo povo, o que fez dele uma espécie de personagem do grande Eric Hobsbawm (com o qual, por certo, o jovem Carri não se privou de polemizar); e, em 1973, *Poder imperialista y liberación nacional*, com um claro tom militante e revolucionário. Em terceiro lugar, Horacio González, que nas décadas seguintes tornaria todas essas questões o tema da maior obra do pensamento social e político argentino do último meio século.

2.

Não só, como dissemos, o pensamento de Germani não estava tão longe do de Gramsci, como também a leitura do trabalho deste último começa a se generalizar na Argentina nos mesmos anos em que Germani encontra, na categoria do "nacional-popular", ou às vezes na de "populismo", uma chave para compreender o fenômeno do peronismo de modo menos preconceituoso do que aquele que havia caracterizado suas primeiras abordagens do problema. Essa ampliação da leitura de Gramsci deve-se à iniciativa do grupo político e intelectual que editou a revista *Pasado y presente*, na qual se destacou a figura de José Aricó, que não deixava de reconhecer a influência da forma como, nas décadas anteriores, o intelectual comunista Héctor P. Agosti havia promovido o encontro com o trabalho do pensador italiano, pois estava preocupado com o que percebia como um divórcio, na Argentina, entre intelectuais e o povo-nação, repensava em uma chave progressista a relação entre os dois termos dessa fórmula — e entre o "povo" e a "nação" — e oferecia uma resposta tanto ao peronismo quanto ao anti-peronismo liberal e anti-popular que havia caracterizado até então as posições dominantes à esquerda partidária. A preocupação do *Pasado y presente* foi então (e ninguém dirá que não é uma preocupação perfeitamente gramsciana, porque estamos diante dos temas de *Os intelectuais e a organização da cultura*) a preocupação com a construção de uma hegemonia, que teve de ser forjada com base na adequada articulação entre os postulados da teoria marxista e a compreensão da experiência popular dentro do movimento nacional.

É nesse contexto que o primeiro dos textos de Horacio González que incluímos nesta seleção, muito mínima (mas espero que, aceitavelmente, representativa) de sua enorme obra, assume todo o seu valor. González estudou Sociologia na Faculdade de Filosofia e Letras da UBA e desenvolveu nos mesmos anos uma militância estudantil e social de esquerda, abraçando o peronismo e participando da experiência, já indicada muito rapidamente acima, das "cátedras nacionais". Não parece irrelevante destacar isso, porque essa forma de entender a vida universitária o acompanharia ao longo das décadas, com seu espírito fortemente inovador em termos de estratégias pedagógicas. Obrigado a ditar um massivo curso de pensamento argentino, na Faculdade de Ciências Econômicas, para cerca de dez mil alunos (fazia isso dividindo o curso em três "comissões", de mais de três mil alunos cada! E ditou as aulas, na ausência de qualquer espaço que pudesse conter tal multidão, no estacionamento da Faculdade), designou como professor adjunto um muito jovem Mauricio Kartun, que até hoje é um dos mais destacados dramaturgos argentinos, que transformou em pequenas peças teatrais os textos que González, responsável pelo curso, lhe propôs como aulas "teóricas". Mas, acima de tudo, parece necessário ressaltar, nesta primeira apresentação do nosso autor, a importância que teve para ele a experiência da primeira das várias revistas em que, ao longo de sua vida, comprometeria seu espírito como escritor e editor: a revista *Envido*, que ao longo de suas dez edições, publicadas entre meados da década de 1970 e o final de 1973, era um importante veículo de ideias e discussões dentro do peronismo universitário e extrauniversitário.

Muitos anos depois, o próprio González voltaria a essa experiência em seu prólogo à edição fac símile da revista, publicada pela Biblioteca Nacional quatro décadas depois. Ali, González reconstruiu o clima daquela publicação jovem, animado por um humanismo "em seus aspectos seculares e cristãos", uma sociologia "decididamente terceiro-mundista", uma terminologia "ligeiramente inspirada por Wright Mills" e uma boa pincelada da dialética de Hegel e Sartre. Tudo isso colocado a serviço de uma interpretação do peronismo que, ao mesmo tempo em que entendia que essa era a linguagem inexorável em que a experiência das lutas populares argentinas tinha que ser pensada e dita, não se resignava e buscava introduzir em relação a essa linguagem (e há aqui, desde muito cedo, o anúncio do que seria o grande tema, a grande obsessão de González ao longo de sua vida intelectual e militante) uma *diferença* que o melhoraria, que o faria dizer o que em sua rotina e maneira mais estabelecida era incapaz de fazer pensar. "Perón tinha sua linguagem e suas inflexões expressivas. Em algum recesso de nossa consciência intelectual jovem, foi inscrita a ansiedade absurda para tomar a linguagem desse outro e trazê-la ante uma melhor consumação filosófica. Como Perón pode falar de uma forma que a natureza de sua língua não permitia? Eis aqui um problema. Eis aqui o meu problema". Esse, de fato, é o grande problema de toda a vida e obra de González, que desde seus primeiros escritos entendia menos o peronismo como um epifenômeno de processos econômicos e sociais que poderiam "explicá-lo" do que como resultado de uma construção política, retórica, de uma construção feita com uma "linguagem", a do próprio líder, que, ao mesmo tempo, tinha que entender e usar para dizer o que ele mesmo não disse. Desde seus artigos na juventude *Envido*, passando por sua revisão do peronismo e seu próprio peronismo nos anos da "transição para a democracia", e ao seu formidável *Perón*, de 2007, González não parou de dar voltas, de mil maneiras diferentes, sobre esse problema fundamental.

Exemplificar nesse sentido é sua primeira contribuição para a revista, “Humanismo y estrategia em Juan Perón”, de 1971, que critica um olhar sobre o peronismo, que foi o da sociologia dos grandes discípulos de Germani (é clara a referência aos estudos recentemente apresentados sobre as *origens* do peronismo por Murmis e Portantiero), que permitia pensar nele como o “efeito” de um conjunto de transformações “estruturais” desaparecidas — começando pelo processo de industrialização por substituição de importação dos anos 1930 —, que também teriam, por força, que desaparecer. Essa era a consequência que González rejeitou dos pensamentos que, do “neo-aprismo cepalino e sociológico” à esquerda, colocaram o peronismo “na superestrutura, seja para provar sua inocência ou sua culpa, ou para apontar sua forma *arrebolada* e brincalhona de ser um fator de crescimento industrial” ou de controle burguês sobre a classe trabalhadora ou de realizar um processo cuja lógica, em qualquer caso, excedia. *Contra* essas interpretações, González devolveu o peronismo ao domínio da política e fez disso a chave para a inteligibilidade da história: “toda teoria, toda a economia, toda a ação social, não passa da continuação da política, mas por outros meios”. *Primazia da política*, então, e não da sociedade, que “é o descontínuo, o heterogêneo, o heterônomo”. Os homens fazem história, mas fazem isso sem entender muito bem (“com ações incompletas”, escreve González, *que não parava de voltar a esse assunto nas décadas seguintes*) e em condições que não escolheram. “Na sociedade, eles sempre nos dominam.” Contra essa dominação, contra os próprios pertencimentos e razões sociais que sustentam ou sobre as quais essa dominação é sustentada, a política, a estratégia, é levantada. O estrategista, escreve González, exerce uma função de sentido.

González protesta então contra a redução "sociológica" do peronismo e do próprio *Perón* (contra o "Perón sociológico" que nos entregam "os professores de uma certa juventude", dirá em um artigo importante no número 5 de *Envido*), como no texto com o qual começamos esta compilação, que é seu prólogo para o Príncipe Moderno e a vontade *nacional-popular*, de Gramsci, onde protesta contra a análoga redução sociológica ("social-democrata", "cientificista", "evolutiva", "reformista") do pensamento do preso de Turim. Os destinatários dessa crítica foram indicados alguns parágrafos atrás. González nunca deixou de tratá-los com consideração, mas nesse texto de juventude deixa claro a distância que mantém com a forma como, neles, a atenção dada à explicação gramsciana de que a complexidade das sociedades modernas forçadas a deixar de lado as formas mais crédulas da questão da apreensão por agressão ao poder corria o risco de levar a um pluralismo resignado e, finalmente, complacente com as formas existentes de dominação e opressão, de *hegemonia*, e em um abandono da questão das condições da revolução. Contra essa possibilidade, González opta por perseverar nessa última pergunta, não fazendo da observação gramsciana da invisibilidade, no "Ocidente", da estratégia da guerra de manobras, uma razão para deixar de lado o problema da "vontade nacional-popular, ou que é o mesmo, a organização política, cultural, moral e intelectual do povo", pelo contrário, vê nela uma oportunidade de perseverar como o único quadro capaz de dar sentido às lutas contra a dominação.

3.

A ditadura instalada na Argentina em março de 1976 forçou González a seguir, alguns meses depois, o caminho do exílio. Estabeleceu-se em São Paulo, onde viveu por cerca de sete anos, onde passou a conhecer muito bem a história, a literatura, a política e a cultura do Brasil. Estudou na Universidade de São Paulo sob a orientação de Gabriel Cohn, discípulo do grande Florestan Fernandes e estudioso, entre muitas outras coisas, do ciclo de sociologia e filosofia social alemã que se dá entre Max Weber e os nomes da escola de Frankfurt. Leu muito e escreveu muito também, especialmente alguns belos livretos para a editora Brasiliense, que naqueles anos incentivava um vasto movimento de democratização da leitura, sobre os mais diversos temas: sobre o problema do subdesenvolvimento, uma questão fundamental nas discussões da sociologia latino-americana das duas décadas anteriores; sobre a questão dos intelectuais, que sempre o incomodaram; sobre a figura de Eva Perón, que lhe permitiu apresentar alguns problemas da vida política argentina ao público brasileiro; sobre Marx, cujo pensamento ofereceu, ao contrário das leituras mais convencionais, uma magnífica introdução sobre a Comuna de Paris, episódio da vida política francesa que sempre o interessou muito e em cuja interpretação ousou argumentar contra a do próprio Marx; sobre Albert Camus, cuja vida e obra ofereceu um magnífico afresco do pensamento francês e discussões francesas do século XX. Lecionou, também.

Certa vez o próprio Cohn relembrou os desafios pedagógicos aos quais, como antes e depois em Buenos Aires, ele ousou em seus cursos na Escola Livre de Sociologia e Política de São Paulo.

De volta ao seu país, iniciou uma atividade incessante e incrível como professor, como escritor e como animador de diversas e intensas aventuras intelectuais. Retornou à sua Universidade, a de Buenos Aires, onde uma carreira de sociologia abandonada por muito tempo foi recuperada com força, em meio ao clima da "transição para a democracia", tendo já cindida a Sociologia em relação à Faculdade de Filosofia e Letras em que nasceu, funcionando, agora, como carreira autônoma, em algumas salas de aula e escritórios emprestados no piso superior do enorme prédio da Faculdade de Arquitetura e Urbanismo, na cidade universitária do bairro Núñez. Lecionou na Faculdade de Ciência Política da Universidade Nacional de Rosário e, mais tarde, também na Universidade de La Plata. A poucos quilômetros ao norte de Rosário, em uma pequena cidade chamada Puerto General San Martín, fazia parte de uma experiência formidável que tinha como protagonista um grupo político de forte espírito militante que havia tomado conta do governo local, após as eleições de 1983, e com o qual González colaborou editando uma bela coleção de cadernos que tinham ampla divulgação, organizando dois impressionantes congressos nacionais de Filosofia, que foram eventos ressonantes na vida cultural argentina daqueles anos. Ele escreveu inúmeros artigos em revistas de todas as cores e peles (indicamos *El Porteño* e *Fin de Siglo* apenas como duas em que teve uma participação muito frequente, mas a lista é infinita: é certo que ninguém nunca a fez e é improvável que alguém possa fazê-lo alguma vez), com uma vocação de intervenção em debates públicos que o caracterizariam ao longo de sua vida. A obra escrita que González deixou espalhada nessas incontáveis publicações argentinas nos últimos quarenta anos é impressionante.

Há, contudo, uma revista em particular em que González, naqueles anos 1980, publicou alguns de seus textos mais importantes e notáveis. Referimo-nos à revista *Unidos*, cujo nome foi inspirado em uma frase bem conhecida do antigo general Perón: "O ano 2000 nos encontrará unidos ou dominados". Ele procurou ao mesmo tempo acompanhar as discussões sobre a "transição para a democracia" proposta pelo *alfonsinismo*, amplamente hegemônica tanto no mundo político quanto no intelectual e na universidade, a partir de uma perspectiva peronista, ou da recuperação da história, dos princípios e dos valores desse movimento em cujas fileiras González sempre militou. Ele buscou favorecer ao mesmo tempo o que naqueles anos foi chamado de "renovação" do próprio peronismo, que havia se confinado ao espaço da oposição após perder as eleições do ano 1983, não em último lugar em virtude do caráter francamente ultrapassado e conservador de seus principais líderes. A equipe editorial da revista foi encabeçada por um jovem líder da "renovação", Carlos "Chacho" Álvarez, e integrada por vários dos protagonistas da antiga experiência do já citado *Envido*, do qual de alguma forma a *Unidos* pode ser considerada como uma espécie de continuação. Das diferentes contribuições de González naquela revista, escolhemos para esta compilação uma das primeiras, em que essa continuidade de preocupações e temas é mais evidente:

"O general da consciência infeliz", na qual González retorna à figura de Perón (que sempre o interessou, que sempre o perturbou e ao qual dedicaria anos mais tarde um de seus principais livros) para "passar limpo", no início da nova experiência política que estava se abrindo, o estado de uma discussão que a morte do antigo líder primeiro, e a ditadura posteriormente, haviam interrompido, e que parecia necessário retomar para participar dos novos debates que viriam.

Dos vários outros artigos de González na *Unidos*, mencionamos apenas três, publicados entre 1986 e 1987. O primeiro, "El alfonsinismo, un bonapartismo de la ética", constitui uma notável crítica à vocação do governo de Raúl Alfonsín para "esvaziar de significado" as experiências militantes do passado, reduzindo o tratamento da tragédia que acompanhou essas militâncias à sua dimensão quase judicial e chamando de "Ético" ("em vez de ver éticas em conflito") o verniz com que queria cobrir uma forma suave e irrevogável de olhar para a história, o presente e o futuro, contra o qual González recuperou velhas teorias e discussões, como a que Sartre e Camus haviam protagonizado sobre a Argélia. O segundo, "Solanas y el bergantín de la modernidad" trata, por ocasião do cinema de Fernando "Pino" Solanas, sobre o problema do mito e as formas de se situar diante dele. Vive-se e pensa-se dentro dos mitos — escreve aqui González, que repetirá isso de mil maneiras diferentes ao longo de sua vida e de toda sua obra, fortemente inspirada nos pensamentos de Borges e Lévi-Strauss —, e não com a ilusão de iluminação, pela qual se crê que eles podem se assustar com um gesto irritante da mão. O terceiro, "La revolución em tinta limón", ocupa-se do próprio peronismo como um dos grandes mitos da política argentina, analisando a forma como o delegado e interlocutor epistolar do "Condutor" nos anos de sua proscrição e seu exílio, John William Cooke, inscreveu seu próprio pensamento dentro desse mito do peronismo e de Perón. Só como uma piada, González poderia escrever uma vez que a passagem de *Envido* para a *Unidos* tinha sido o da sociologia do terceiro mundo para a ciência política da transição: esses textos que acabamos de rever revelam que havia um esforço para construir com as memórias das grandes discussões do passado as ferramentas para pensar sobre a Argentina que viria.

Parte disso encontramos também em um texto muito diferente, que incorporamos nesta seleção como testemunho de outros tipos de intervenções e preocupações de González nesses anos. Trata-se de uma conferência que mais tarde foi publicada na revista Babel, onde González colaborou com frequência (teria a seu cargo a coordenação da seção de resenhas de livros sobre a atualidade política), a respeito de uma figura fundamental da grande literatura inglesa das primeiras décadas do século XX: Thomas Edward Lawrence, cujo romance *Os sete pilares da sabedoria* dá a González a oportunidade de refletir sobre problemas que vêm e vão de diferentes formas ao longo de seu trabalho, como guerra, nação, identidade e destino. González compara *Os sete pilares...* com *Facundo* de Sarmiento, o grande livro sobre o deserto escrito na Argentina no século XIX, e com *Os Sertões*, de Euclides da Cunha, de alguma forma sua contraparte brasileira. Mas não deixa de notar a rara circunstância em que o livro de Lawrence, que apresenta o deserto como uma resposta positiva ao mal-estar da cultura e da vida intelectual, recebeu uma recepção favorável de um grupo, o de Victoria Ocampo e a revista *Sur*, cujo escritor mais notório — o grande Borges — poderia ser sensível a esse tratamento paradoxal do problema, do qual sua própria literatura dá, por sinal, repetido testemunho, mas cujas posições políticas tinham sido caracterizadas em geral por uma franca adesão a teses muito mais simples e brutais sobre o assunto. De certa forma, o texto de González continua velhas discussões sobre o tipo de nação que as classes dominantes do país, com base nessas posições e teses, conseguiram construir sobre o deserto argentino.

4.

Há algum tempo, González estava novamente estabelecido na Argentina quando, a pedido do conselheiro da pós-graduação que havia realizado durante os anos de exílio, e não sem ter que superar a resistência produzida por rituais e solenidades acadêmicas, apresentou na Universidade de São Paulo a escrita com a qual adquiriria o título de doutor. Trata-se de um texto extraordinário, intitulado *La ética picaresca*, que revê o amplo legado da filosofia social moderna a partir da ideia, de ostensivo tom weberiano, que os sujeitos da ação nunca sabem plenamente o que fazem quando agem, nunca são os donos dos sentidos de suas intervenções no mundo. A maneira pela qual "os homens fazem história" (como Marx havia escrito, citado por González há muitos anos — já vimos — em um de seus textos juvenis em *Envido*) é sempre o modo de ocultação e auto-ocultação (de pretexto ou má fé), que são formas ou lógicas de ação e da própria reflexão dos atores acerca dela. González iria procurar o modelo disso no texto da tradição da literatura espanhola do século XVI, mas também na ideia hegeliana de "ironia" e em sua versão "menor" ou baixada: a noção gramsciana de "sarcasmo", as antropologias de Marcel Mauss e de seu conhecido Lévi-Strauss e na literatura sobre o problema da honra de Joseph Conrad ou Thomas Mann. A escrita de González, repleta de preciosas observações críticas sobre os modos dominantes da prática em ciências sociais em nossas universidades, que há muito tempo esqueceram a possibilidade de tais conversas, foi publicada em 1992.

Entretanto, a carreira de sociologia da UBA tinha mudado. Mais uma vez, porque ao longo de sua história não tão extensa essa carreira funcionou em vários prédios espalhados pela cidade. Uma vez que González escreveria, em um belo texto intitulado "Saberes de pasillo" (título que mais tarde foi de um livro, compilado e prefaciado por Juan Laxagueborde, que toma, além disso, vários outros dos muitos escritos sobre a "questão universitária"), uma história da carreira de Sociologia da UBA como a história dos edifícios que a haviam recebido, depois da passagem pela Cidade Universitária, à qual já nos referimos, ele veio a acrescentar outro prédio: uma antiga maternidade mal restaurada para servir aos seus novos propósitos, onde a carreira começaria a funcionar como parte de uma nova Faculdade, chamada de "Ciências Sociais", que também acolheu, entre outros, a disciplina da Ciência Política e as pujantes Ciências da Comunicação. Assim, a Sociologia completou o trânsito que a havia tirado de seu elo inicial no antigo tronco das humanidades em que ela havia nascido para se aproximar de seu atrasado destino como uma província orgulhosa dos limites que a distinguiam tanto da história, da filosofia e da letras, como do resto das disciplinas que compuseram, ao seu lado, o grande campo das ciências sociais modernas, de vocação empírica predominante e diminuição da vontade de contestar. A mudança do clima político geral no país e o tom que adquiriram especificamente as políticas voltadas para uma Universidade que se queria (e que se tornou) cada vez mais hierárquica, mais meritocrática, mais competitiva e mais mesquinha, acabaram configurando as características mais devastadoras de uma situação contra a qual González, na última década do século, dirigiu todos os seus esforços críticos e militantes.

Uma das áreas em que ele fez isso foi uma revista, uma nova revista na série de várias em que ele concentrou esforços ao longo de sua vida: *El Ojo Mocho*, que González editou por anos com um grupo entusiasmado de colaboradores, em cujas páginas podem ser seguidas um conjunto de discussões em que González derramou, naqueles tempos difíceis da vida política, da vida intelectual e da vida universitária do país, uma parte importante parte de seu esforço e sua energia. Por um lado, a revista teve uma seção fixa de longas entrevistas com protagonistas fundamentais da vida intelectual argentina das décadas anteriores (David Viñas, León Rozitchner, Carlos Correas, Oscar Landi, Héctor Schmucler, Jorge Rulli, Nicolás Casullo, Josefina Ludmer, Emilio de Ípola, Oscar del Barco, Rodolfo Fogwill, Néstor Perlongher), que em sua própria insistência em recuperar experiências militantes, editoriais, literárias, pedagógicas e todos os tipos de experiências constituiu um protesto contra o convite para tornar todas as formas de memória no altar da frívola modernidade do mercado, do consumo e da exclusão que foi oferecida como alternativa. Por outro lado, a revista propôs uma discussão tanto com a orientação política geral do governo neoliberal de Carlos Menem quanto com o caráter cada vez mais concessionário que era fácil de notar nas forças políticas de sua modesta oposição. Ele contestou a promoção ou aceitação acrítica da reconversão meritocrática e neoliberal da própria vida universitária e perseverou em um olhar mais exigente do que o do canhão que estava sendo instalado no que poderia ser pensado sob o nome da sociologia. De fato, entre os muitos artigos que González escreveu, ao longo dos anos, em *El Ojo Mocho*, selecionamos aqui um onde ele nos convida a pensar "do outro lado", fugindo das visões racionalistas mais convencionais, das sociologias clássicas de Weber e Durkheim.

No final da década, González publica um dos livros mais importantes de toda sua enorme obra: *Restos pampeanos,* subintitulado, muito sugestivamente, "Ciência, ensaio e política na cultura argentina do século XX". Trata-se de um trabalho extraordinário, organizado em três grandes partes que remetem, sucessivamente, às expressões mais relevantes desses três universos de discursos e discussões aos quais a tríade do subtítulo alude, partindo da experiência dessa sociologia positivista da qual falamos no início deste texto até as grandes controvérsias que marcaram a experiência — ou as diferentes experiências — do que foi nomeado, nos anos 1960 e 70, como "esquerda nacional". Claro, nesta última área, teria novamente um papel fundamental, nas páginas deste novo livro de González, a obra do já citado John William Cooke, que ocuparia de novo um lugar muito importante nas reflexões que iria expor uma década depois em seu notável Perón. Mas também as obras, ideias e discussões de outros autores (menciono apenas Juan José Hernández Arregui e Jorge Abelardo Ramos) fazem parte de uma longa controvérsia com cujas relíquias e vestígios González construiu, ao longo dos anos, seu próprio pensamento. Parte disso é, sem dúvida, o que menciona a poderosa ideia de "restos", fundamental na forma como González pensava nas formas de construção da memória e das linhagens. A propósito, o supracitado Ramos tinha um professor, Manuel Ugarte, cuja vida política tinha seguido um itinerário interessante e antecipatório desde seu socialismo juvenil até seu peronismo de maturidade, e a quem González dedicaria muitos anos depois de um de seus últimos livros, tendo também um discípulo, Ernesto Laclau, com quem González não parava de falar e discutir, de mil maneiras diferentes, nos anos seguintes.

Esses anos subsequentes foram marcados, na Argentina, pela intensa experiência dos dias que derrubaram o governo que naquele mesmo ano 1999 havia sucedido o de Menem: o de Fernando de la Rúa, que, conservador e desajeitado, cairia dois anos depois como resultado de uma forte mobilização popular; e, depois disso, pelo surgimento de uma nova liderança e uma nova experiência governamental do peronismo, agora em uma versão que buscou coletar, além dos melhores legados (dos melhores "restos") da própria história desse movimento, aqueles do *alfonsinismo* dos anos da "transição" e das novas vozes que haviam aparecido no cenário político nacional nos últimos anos da luta contra os efeitos do programa neoliberal. González seguiu com grande interesse a revolta de

2001 e acompanhou (da maneira que sempre acompanhou as coisas que lhe interessavam: criticando, discutindo, indicando problemas e desalentos) a experiência posterior do kirchnerismo, enquanto continuava a escrever e ensinar. Um dia ele estava se encontrando com um estudante no clássico bar Britânico, a meio quarteirão de sua casa, no bairro San Telmo, de Buenos Aires, quando o antigo telefone público do estabelecimento tocou. O garçom atendeu e gritou: "Professor González: é para você. É o Presidente Kirchner." Não foi uma piada. Tendo telefonado para a casa um tempo antes, e informado sobre onde estava o homem que ele estava procurando, o presidente havia obtido o número dos "britânicos" e agora pediu a González para passar pela casa de governo ("Estou com um orientando, presidente. Acabo aqui e vou"), onde algumas horas mais tarde seria convidado para assumir a subdireção da Biblioteca Nacional da República Argentina.

5.

Logo depois, o recém-nomeado diretor da Biblioteca, Elvio Vitale, foi convocado para integrar as listas do Partido no poder para as eleições dos legisladores da cidade de Buenos Aires, e deixou seu cargo nas mãos do vice-diretor. González então começou sua administração à frente daquela instituição fundamental da cultura argentina, à qual ele deu por pouco mais de uma década um dinamismo, uma vitalidade, uma energia e uma inteligência que a tornou, contra uma história que tinha feito dela um lugar senhorial e quase imponente, de conservação ou proteção com muito pouca vocação para o diálogo com todos os campos da cultura e das artes, com a vida democrática do povo e com a expansão de suas experiências de leitura, a mais poderosa instituição pública da vida cultural argentina e o espaço mais dinâmico de atividade cultural na cidade de Buenos Aires, que então começou a ser governada pela força de direita "antipolítica", autoritária, inescrupulosa e culturalmente muito carente, que anos depois chegaria, daquela plataforma de lançamento, ao governo nacional. Nesse contexto, o auditório da Biblioteca Nacional foi um dos poucos espaços em que por muitos anos as melhores expressões da música clássica e contemporânea, as melhores conferências de intelectuais do país e do mundo inteiro, as apresentações de cada livro que apareceu no país, puderam ser ouvidas na capital argentina em uma quantidade incrível de oportunidades com a participação do próprio diretor da instituição prestando homenagem ao autor da novidade com seu comentário.

Não é só isso. Durante os anos em que esteve à frente da Biblioteca Nacional, González fez dela uma poderosa editora que publicou um número inédito de livros, desde novidades bibliográficas, que a própria Biblioteca promoveu através de chamadas e competições de todos os tipos, até textos clássicos da cultura nacional, muitos deles desaparecidos das editoras e livrarias por um longo tempo, os quais González foi encarregado de republicar, prefaciando-os ou fazendo-os prefaciar. Ele passou por obras de autores fundamentais da cultura argentina, como — para dar apenas dois exemplos — Germán Rozenmacher ou León Rozitchner —, e fez também um importante número de edições periódicas de algumas grandes revistas políticas e culturais da história do país, em cuja vida pública tinham ocupado um lugar fundamental desde muito cedo. A propósito, este tema que acabamos de apontar é tratado em um dos livros, *Historia conjetural del periodismo argentino*, que González escreveu naqueles mesmos anos, em que sua intensa atividade como diretor da Biblioteca não o fez reduzir, mas reforçar, seus esforços como escritor. Entre os resultados mais marcantes deste último, devemos mencionar aqui a aparição, em 2009, de um de seus maiores livros, que já anunciamos: *Perón. Reflejos de uma vida*, ensaio fundamental sobre o lugar de Perón — e, se podemos dizer, do *nome* de Perón — na história política argentina. Já dissemos que um dos grandes problemas de toda a obra de González é o mito, e especificamente o mito do peronismo e de Perón. Também dissemos que para González não é necessário (melhor: é impossível) "sair" do mito para poder pensar. Pensar é pensar dentro do mito e pensar no mito, explorando-o e desconfortando-o de mil maneiras diferentes. Em seu *Perón*, González leva à sua maior expressão esta empreitada.

Nesse sentido, esse livro é complementar a outro que González escreveu nestes anos sobre o qual estamos falando agora: sua notável *Historia de la Biblioteca Nacional*, publicada no próprio selo editorial da Biblioteca e que deve ser entendida como parte do exercício de direcioná-lo. Porque se González não acreditava que os mitos tinham que ser removidos do passado para pensar, mas que pensar era pensar lucidamente sobre os mitos entre os quais se vivia, ele não acreditava que as instituições tinham que ser removidas para conquistar a liberdade, porque a liberdade só era possível dentro dessas instituições, *desde que elas também fos-*

sem submetidas ao exercício do exame crítico. A Biblioteca Nacional Argentina é, ao mesmo tempo, um dos grandes mitos e uma das grandes instituições argentinas (do primeiro tinha sido o grande responsável o velho Borges, que tinha sido seu diretor por dezoito anos: ainda não havia chegado, mas chegaria, o livro que González lhe dedicaria), e González não conseguia pensar na tarefa de estar no comando sem torná-lo objeto de uma reflexão que a revisse em sua longa presença na vida política e cultural da nação, o que de alguma forma lhe permitiria escrever uma história do país através da história de sua Biblioteca. Essa história dá, entre muitos outros, os nomes de Mariano Moreno (que fundou a Biblioteca e escreveu sobre ela, em meio às guerras pela emancipação, uma página que González valorizou especialmente), do arquivista e bibliófilo rosista Pedro de Ángelis, do francês Paul Groussac (a quem González dedicou um breve livreto escrito em colaboração com seu amigo Patrice Vermeren), de Hugo Wast, tão louvável em seu trabalho de biblioteca quanto condenado por suas posições antidemocráticas de direita (González, que sabia da importância dos nomes, retirou Wast da designação de uma sala na Biblioteca, e substituiu-o por Ezequiel Martínez Estrada), e, claro, a do próprio autor de *"A Biblioteca de Babel"*.

Precisamente no caminho de Groussac e Borges, González realizou mais uma de suas grandes realizações durante seus dez anos de direção da Biblioteca Nacional: a edição da "terceira época" da revista *La Biblioteca*, que já havia tido dois períodos, precisamente durante os anos desses dois endereços notórios, e que durante os de González editou uma quinzena de números notáveis, em que várias centenas de textos de alguns dos grandes escritores do país se reúnem, discutindo as obras de autores como o próprio Borges ou Ricardo Piglia, sobre a questão do arquivo, sobre crítica literária e filosofia, sobre mitos e mitologias, sobre a questão da nação e os problemas da história, da linguagem e da tecnologia, sobre o dilema da América Latina e sobre o problema fundamental da linguagem. Essa última edição, que também tem notórios ecos borgianos, foi especialmente importante para González sempre, e constituiu um problema fundamental, não apenas nas páginas dessas questões extraordinárias de *La Biblioteca*, mas em muitas outras iniciativas que González implantou durante sua gestão. Uma delas, particularmente notável, foi a criação e o comissionamento, na órbita da Biblioteca Nacional, do extraordinário Museu do Livro e da Língua, que, imaginado e projetado sob a forte inspiração que representava para González o modelo do Museu da Língua Portuguesa de São Paulo, Brasil, tinha sua sede física em um prédio adjacente à própria Biblioteca (em cuja posição para servir seu novo projeto González comprometeu uma equipe liderada pelo então idoso arquiteto Clorindo Testa, que havia projetado o edifício central da Biblioteca e contribuiu para essa original expansão de sua infraestrutura e suas missões), que contava, até o fim da gestão de González na Biblioteca, com a direção ativa e luminosa da socióloga e ensaísta María Pia López.

O texto que escolhemos, nesta compilação, para ilustrar as preocupações de González durante este período particularmente ativo de sua vida intelectual, pública, militante, é precisamente o de um dos muitos artigos que escreveu em todos esses anos em *La*

Biblioteca (a coleção de todos esses artigos daria em si um volume de extraordinária importância e interesse), referindo-se, precisamente, à experiência do Museu da Língua Portuguesa de São Paulo, e retornando, de mãos dadas com essa reflexão sobre a questão da linguagem, da "língua", como Borges havia dito, em nossos países, aos grandes problemas da cultura e da tradição brasileira — que González sempre se preocupou muito — tratando da vanguarda literária e política dos anos 1920 (uma década antes, uma edição de *El Ojo Mocho* havia sido intitulada com a questão "antropofágica" do célebre manifesto de Oswald de Andrade: "Tupí or not tupí?"), bem como dos cinematográficos e musicais dos anos 1960. Se o problema da linguagem, da língua, do idioma, sempre foi um problema fundamental para González, nestes anos em que estamos falando aqui ele assumiu uma centralidade decisiva, da qual testemunham, além de várias das ações que apontamos marcando seus dez anos de direção da Biblioteca, suas participações públicas em importantes debates sobre as políticas culturais da língua e da edição e alguns dos muitos livros e escritos que, como dissemos, ele não deixou de publicar em todos esses anos, entre os quais talvez possa ser destacado aqui, além de outros que já indicamos, seu *Lenguas del ultraje*, uma história intelectual do Rio da Prata desde a geração de 1937 até a geração da revista *Contorno*; e seu estudo preliminar para os *Ensaios Barrocos* de José Lezama Lima, dois anos depois.

De certa forma, é também uma exploração da linguagem com que González enfrentou, naqueles anos, o novo fenômeno que o kirchnerismo representava. Que era, naturalmente, um capítulo dentro da história maior do peronismo (com cujas derivas pós-1983

González lidaria, em 2008, no *El peronismo fuera de sus fuentes*, publicado em uma coleção coeditada entre a Biblioteca Nacional e a Universidade Nacional de General Sarmiento), mas que também bebia de algumas de suas fontes em outras experiências, como a dos movimentos revolucionários dos anos 1970, as lutas das organizações de direitos humanos, os esforços mais recuperáveis do alfonsinismo e a organização do protesto social contra os efeitos devastadores do neoliberalismo no final do século. Quando, em resposta à primeira de uma longa série de desafios contra os donos do poder mais concentrado, o governo de Cristina Fernández de Kirchner teve que enfrentar uma rebelião quase-golpista de alguns grupos de produtores agrícolas amplamente incentivada pela mídia que então começou a ser descrita como "hegemônica", González foi um dos intelectuais que participaram da gestação do grupo *Carta Abierta*, que periodicamente abalava a cena das discussões públicas com textos ("Cartas") que estão, sem dúvida, entre as grandes peças que naqueles anos serviram para pensar sobre o que estava acontecendo. Foram anos de extraordinária atividade intelectual de González, que continuou a esbanjar seus artigos, essenciais, em jornais e revistas dos mais variados, e sistematizou boa parte de suas reflexões sobre o kirchnerismo no *El kirchnerismo: una controversia cultural*, de 2011.

6.

Se a experiência do menemismo, na última década do século passado, tinha sido caracterizada muitas vezes por González como a catástrofe política e moral, foi, sem dúvida, a mistura de brutalidade, de revanchismo político e social, de violência física e simbólica e de ilegalidades de todos os tipos que caracterizaram o governo autoritário de direita liderado entre 2015 e 2019 pelo empresário Mauricio Macri. Essa experiência foi uma razão de sofrimento pessoal particular para González, sendo convertida, contudo, em um objeto de seus despertares teóricos e bíblicos mais lúcidos e penetrantes. Seus artigos em uma série de mídias gráficas e blogs com os quais ele colaborou sistematicamente durante esse tempo são peças fundamentais para o difícil exercício de compreensão da nova barbárie que tomou conta do país naquele tempo sombrio. Mas eles estão longe, ao mesmo tempo, de esgotar a quantidade e qualidade do que González escreveu naqueles anos. Em 2014, González havia se aventurado em um gênero que até então nunca tinha explorado, com seu romance *Besar a la muerta*, uma reflexão sutil, engenhosa e às vezes hilária sobre o peronismo, a sociologia e a teologia política do cristianismo popular na história argentina do último meio século. Um ano depois, apareceu *Redacciones cautivas*, um romance decididamente mais sombrio sobre as condições do exercício do jornalismo (e também da vida e morte nos campos de concentração) na Argentina durante os anos da ditadura. Em 2016, a trilogia se encerra com *Tomar las armas*, em que o humor mais uma vez ocupa um lugar importante, desta vez para contar as aventuras de um professor universitário recrutado para ensinar os arcanos do trabalho de Esteban Echeverría aos membros de um grupo militante empenhado em realizar uma revolução absurda.

É impossível fazer justiça neste resumo muito apertado desses três preciosos "romancinhos" (como ele os chamou) de González, que retoma neles os temas que também percorrem a vasta obra ensaística de toda a sua vida. Também vale a pena rever adequadamente o conjunto de muitas outras coisas que escreveu na época, entre as quais destaca-se talvez seu pequeno livro de 2017 sobre a vida e obra de Manuel Ugarte, o primeiro elo — já dissemos — na história do que seria chamado de "esquerda nacional" (com o qual González nunca deixaria de falar e no qual sempre encontrou fortes razões para inspiração) na Argentina. No mesmo ano de 2017, González publicou um livro notável: *Traducciones malditas*, uma pesquisa ambiciosa e um extraordinário esforço de escrita sobre o problema do traduzível e do intraduzível nas maneiras pelas quais Marx, Merleau-Ponty e Foucault (embora certamente não apenas eles: o livro, surpreendente, abre cada ponto de sua trama em infinitas novas direções, com o resultado de se tornar uma revisão completa de todo o tesouro das leituras gonzalianas) pensaram no que ele chama de "a experiência da imagem". No ano seguinte, em 2018, um belo livro foi publicado, *Borges: los pueblos bárbaros*, sobre o que González apresenta o grande escritor argentino como "alguns aspectos laterais" (que, no entanto, revisará em um punhado das composições mais famosas), escritor que é presença fundamental — já dissemos isso também — ao longo de toda a sua obra. E um ano depois, em 2019, González publica outro livro notável: *La Argentina manuscrita*, que, em evidente diálogo com os grandes movimentos feministas, que nesses mesmos anos haviam renovado fortemente a vida política argentina e também a agenda de nossas preocupações e leituras, revisa toda a história da literatura nacional para encontrar, a partir de sua própria origem e ao longo de uma série de reiterações do mesmo tema, sucessivas evidências da centralidade de um mito fundamental em todas as culturas: a da mulher sequestrada e violada, cativa, um mito que o livro de González nos convida a percorrer desde suas remotas fontes gregas e latinas até a literatura mais urgente e atual.

Aposentado da atividade docente regular da Faculdade de Ciências Sociais da Universidade de Buenos Aires, González ministrou durante esses anos inúmeros cursos gratuitos convidados pelas mais diversas instituições, incluindo sua antiga e amada Faculdade de Filosofia e Letras da mesma Universidade. "Onde tudo começou" — como escreveu o já citado Ernesto Laclau na dedicatória de um de seus livros. Entre 2017 e 2021, as comemorações do centenário da Revolução Russa e do sesquicentenário da Comuna de Paris inspiraram nele inúmeras leituras e vários seminários, extraordinários, sobre as obras clássicas dos grandes teóricos da esquerda revolucionária da velha Europa, de Marx e Blanqui a Lênin e Trotsky. Nos mesmos anos, escreveu e falou muito em muito mais lugares do que poderia até mesmo ser indicado aqui de passagem, passando a se mover por todos os lugares, com a chegada da pandemia e do "isolamento", através do Zoom — que o inspirou na célebre piada do "*zoom politikón*" — durante o último, muito ativo, ano de sua vida. Entre as diversas coisas que escreveu, optamos por publicar neste volume sua preciosa introdução a uma compilação de textos de Florestan Fernandes editados pela já citada Universidade Nacional de General Sarmiento, o que nos deixa com novas evidências de seu bom conhecimento e seu grande interesse pelos problemas da sociologia brasileira. Mas nos pareceu que essa compilação também merecia a inclusão de pelo menos algumas das muitas intervenções orais que González esboçou nas inúmeras áreas da militância política, social e sindical em que participou nestes últimos anos de sua vida. Escolhemos um, que por muitas razões achamos formidável: o que improvisou na Feira do Livro de Buenos Aires em 2017, convidado a participar de uma mesa redonda organizada pelo sindicato dos ladrilheiros do país. González participou com assiduidade e interesse nas reuniões dos ladrilheiros, cujo trabalho e forma de organização ele tinha não apenas uma alta valorização, mas uma reflexão muito completa, cheia de interesse, como revelado no penúltimo texto desta série que estamos apresentando aqui.

Enquanto isso, a catástrofe econômica, social e de todos os tipos deixadas pela experiência do governo macrista determinou, após quatro anos de fortes retrocessos nas condições de vida das enormes maiorias argentinas, um novo triunfo do peronismo, agora em uma versão mais "moderada" do que a que representou e ainda representa o nome da ex-presidente Cristina Fernández de Kirchner. González participou com entusiasmo, como sempre, nos debates que antecederam as eleições, e seguiu com interesse e preocupação os primeiros passos do novo governo. Claro, ele teve que mudar sua agenda muito em breve, que desde o início da pandemia que assola o mundo não tinha quase nenhum outro eixo além do cuidado da população e atenção às questões de saúde, questões que também passaram a ocupar o centro de todas ou quase todas as nossas preocupações, e sobre as quais González escreveu várias notas de enorme interesse, enquanto escrevia e corrigia o que seria seu último livro: uma revisão completa dos debates do último meio século sobre a questão do humanismo, o qual González insistiu na necessidade de se recuperar como um horizonte para pensar sobre os problemas do presente. González continuaria lendo, discutindo e escrevendo até o fim. Pouco antes da sua partida, a morte de Alcira Argumedo, quem já mencionamos no início dessas linhas, inspirou-lhe um texto de despedida que não queríamos deixar de incluir nesta compilação, pois constitui, ao mesmo tempo, uma memória emocional de seu amigo, um magnífico equilíbrio da experiência de um grupo e de uma geração intelectual e militante que também foi a sua, e com a qual agora temos a tarefa, a responsabilidade, a feliz obrigação de seguir conversando através da leitura de seus textos.

PARA NÓS, ANTONIO GRAMSCI

1.

Sem ter visto a liberdade, Gramsci morreu em 1937, em Roma. Nos dez anos anteriores, que transcorreram inteiramente na prisão, ele acumulou lentamente as quase três mil páginas, distribuídas em 32 cadernos, que compõem seu trabalho fundamental.

O cárcere, como atmosfera absorvente e condicionante, dá o único título possível a seus escritos — *Cadernos do cárcere* —, mas é também o caráter persistente que os percorre: porque são notas abertas, dimensões preparatórias de uma estratégia orgânica, completa e total para tomar o poder.

Como prisioneiro, Gramsci medita sobre o poder. É por isso que suas notas não podiam deixar de ser penetrantes, concentradas, obsessivas. Como círculos concêntricos que tentam cercar seu objeto cada vez mais de perto, os reflexos de Gramsci constroem gradualmente o rosto da revolução. Mas falar de revolução e de Poder na Itália do primeiro pós-guerra era falar de um acontecimento nacional-popular cuja proposta organizadora tinha de adquirir vínculos culturais capazes de ligá-la à história política das classes populares italianas. Uma história que certamente é reversível, pois também aparecerá como a história de um fracasso. O fracasso da tentativa secular de construir um Estado nacional integrado sobre a mobilização dos setores camponeses.

Pois é aí, no plano do Estado, da cultura, da ideologia, da atividade intelectual, vista como mediadora de grupos sociais, que as formações e forças em ação são plasmadas politicamente e se revelam em tendências antagônicas que lutam conscientemente pela revolução ou pela conservação do velho Estado.

O Partido político da revolução é o "príncipe moderno", o "intelectual coletivo", que reúne ao seu redor — e hegemoniza — todas as forças que, antes dispersas ou derrotadas, tendiam a mudar a situação.

Este comportamento *hegemônico* — o conceito preciso que Gramsci utiliza para indicar a situação do Partido em seu meio social — lhe permitirá falar, então, em nome da vontade nacional-popular, definida como um projeto coletivo e histórico de construção em um novo Estado. É por isso que o Partido revolucionário na Itália se inspira onde foi possível encontrar a primeira sistematização moderna da revolução nacional: no Maquiavel jacobino, o Maquiavel educador político do povo.

O Partido anuncia desde já a nova organização social do povo. E, neste sentido, é também um projeto estatal-popular que toma o lugar do Estado anterior no exato momento em que este último, apanhado em uma crise de dissolução, em uma "crise orgânica", perde seu sustento político-cultural.

2.

Com sua concepção da ação política revolucionária enquanto germe de um novo Estado, o pensamento de Gramsci escapa dos toscos enquadramentos aos quais foi submetido por vários comissariados culturais, que são a forma operacional básica da geometria opressiva do pensamento de esquerda. No entanto, suas cuidadosas reflexões durante os anos de prisão se disseminam e dispersam em destinos díspares.

Ele é solicitado de diversas formas: como justificativa da base reformista do macrocefálico Partido Comunista Italiano; como precursor de uma ciência política, cuja fertilidade está condicionada pela tarefa de revisão dos equívocos terminológicos e conceituais nos quais teria incorrido (chamando-se de "equívoco" a recusa gramsciana a construir uma ciência das estruturas fora do processo histórico no qual se forma a hegemonia do "príncipe moderno"); ou como um pesquisador sociológico cujas sínteses conceituais deveriam ser um guia para entender problemas como a "autonomia do Estado" nas sociedades modernas.

Em suma, são destinos aplainados e esmagadores para quem inaugura uma marca aguçada na meditação original de Marx e Lênin; para quem pensa com traços finos e impressionantes o problema da revolução nacional e social italiana; e para quem é o chefe dos trabalhadores de sua nação. Mas seus comentadores autorizados não acham muito difícil tecer a tosca simplificação de um Gramsci que opõe análises linguísticas e literárias à dureza do cárcere fascista. Os coreógrafos das máquinas do Partido se encarregam em alimentar o denso anedotário de um Gramsci que escreve sem a possibilidade de consultar bibliotecas e que, diante dos carcereiros que passeiam com seus olhares inquisitoriais por seus cadernos de anotações, usa cautelosamente os códigos que seus prefaciadores traduzem prontamente: "Ilic" é Lenin, "Orient" é a Rússia.

Para completar o quadro de um Gramsci escolhido como vítima da polícia de Mussolini, que era hostil ao tráfico de ideias, eles citam as palavras proferidas em 1928 pelo Procurador do Estado, que justifica a longa sentença imposta a ele: "Esta cabeça deve ser impedida de pensar". Outros comentaristas, em suas ânsias de nos dar um Gramsci sarmientino ["Gramsci sarmientino" é referência a uma leitura de Gramsci sob inspiração de Domingo Faustino Sarmiento (1811-1888), que foi, no século XIX, presidente da Argentina, jornalista e escritor, autor do clássico latino-americano Facundo o *Civilización y Barbarie*, em 1845], com sua luta abstrata pela sobrevivência de ideias "que não são mortas", colocaram essa frase na boca do próprio Mussolini. Mas então teríamos que acrescentar algo a isso: impedi-lo de pensar, sim, mas no sentido inequívoco e sonoro que tem, para Gramsci, o produto do pensamento dos homens: a construção de fatos político-culturais para a mobilização do povo-nação.

Pois somente assim — com a incorporação deste agregado — Mussolini provaria estar à altura de um pensamento que ele, a partir dos antípodas, conhece perfeitamente bem. Ambos os políticos entraram na vida pública com as mesmas interrogações, com a mesma herança filosófica e cultural: Georges Sorel, Benedetto Croce, o papel do mito, a tese da política-paixão, o pensamento de Maquiavel. Durante quase toda a década de 1920, os eventos foram conscienciosamente pressionados: havia duas Itálias, a de Gramsci e a de Mussolini.

São duas formas de interpretar o Príncipe de Maquiavel. Para aquele que ditou as palavras do Procurador em 1928, o príncipe é o Estado. Para o encarcerado, por outro lado, o príncipe é o Partido político como a antecipação da formação de um novo Estado.

O trabalho — então imperfeito, incompleto — que Gramsci foi capaz de entregar antes da prisão está naqueles turbulentos Conselhos de Fábrica em Turim, em 1920. Depois houve seus escritos na "Ordine Nuovo" e seu trabalho parlamentar, onde ele coexistiu de forma inquietante com seu principal polemista. Mussolini novamente. O triunfo de Mussolini significava necessariamente o cárcere para Gramsci. Quer ele quisesse ou não, ele teve que pensar, desde o primeiro até o segundo pós-guerra. Ele pensava — não havia outra escolha — para depois da derrota daquela outra interpretação de Maquiavel.

3.

Por esta razão, nada pareceria mais apropriado do que a expressão "o gramscismo da década de 1950". A década em que Gramsci encontraria, finalmente, a possibilidade de sua realização organizacional e estratégica. O Partido Comunista Italiano estava pronto, então, para santificar e oficializar a palavra de Gramsci. Seus cadernos de notas foram publicados e "institutos de estudos gramscianos" foram criados.

Mas o pensamento de Gramsci é uma travessia repetida de um beiral, em meio a um caminho acidentado. Os múltiplos lampejos acumulados por ele tornam-no o mais próximo possível de uma pensamento-batalha, com incursões ágeis e perfeitas, com recuos precisos, tendo uma fortaleza permanente na retaguarda e sendo capaz de absorver todos os pensamentos da época através de nutritivas ventosas: Max Weber, Robert Michels, Benedetto Croce, Paul de Man, Georges Sorel, Lênin, Henri Bergson.

É porque o esforço fundamental de Gramsci visa demonstrar que a revolução é um exercício coletivo onde as forças sócio-históricas se enfrentam em um confronto que não pode ser descrito no plano econômico-corporativo. Justamente por ser consciente no plano ideológico, no plano unitário da política, toda revolução implica uma passagem consciente do econômico-corporativo para o ético-político. Ao passo que as forças revolucionárias podem produzir esta passagem e se encontram na ideologia-consciência, o Regime é incapaz de organizar ideologicamente suas forças: a revolução, vista de seu lado, é então chamada de "crise orgânica", uma decomposição do aparato normativo do Estado, ao qual os revolucionários também estão atentos.

Mas, diz Gramsci, é impossível pensar em tudo isso fora do marco da nação, ou do povo-nação, ou das vontades coletivas.

Ou, dito de outra forma, é impossível pensar fora da contradição Estado-sociedade, entendendo que forças nacionais e culturais de longa data se movem nos dois termos da contradição, de modo que, quando se propõem a impedir a revolução, nada mais têm a fazer do que impedir a nação. Este é o único projeto moderno que, para ser realizado, deve necessariamente incorporar a mobilização dos simples, dos debaixo, dos trabalhadores e camponeses, dos proletários.

4.

É este vasto e disperso, mas terrivelmente coerente, pensamento que seus executores, editores, intérpretes e tradutores se esforçam para converter em um dispositivo atemporal. A interpretação oficial ao encargo de um Palmiro Togliatti, que está disposto a pôr em marcha a maquinaria do Partido Comunista Italiano sob uma orientação gramsciana despojada de destemor, produz uma profunda reentrância nas reflexões do prisioneiro: "resultados importantes podem ser obtidos antes que o poder político possa ser alcançado". A luta pela "liberdade", pela "democracia" e pelo "parlamentarismo" busca seu abrigo nos *Cadernos do cárcere* e torna-se um novo sinônimo da "hegemonia da sociedade civil", o território no qual o Partido de massa se move, ampliando sempre sua esfera de influência até que o Estado caia como um fruto maduro inteiramente em suas mãos.

É creditada a Gramsci a paternidade de uma estratégia adequada à Itália neocapitalista, onde os contentores não são situados ao longo de uma simples oposição entre as forças da velha sociedade e as da nova sociedade, mas sim entrelaçados em uma ampla faixa intermediária onde grupos sociais, ideologias, tendências e relações econômicas coexistem, ofuscando e amortecendo todo confronto. Caso se queira ser imaculado e radical, tornar-se-á imediatamente "infantil" e "ultra-esquerdista". É verdade que Gramsci dedicou uma análise séria a esta questão, mas não para justificar a estratégia do neo-reformismo como a única resposta ao neocapitalismo. "Em primeiro lugar, não devemos nos dedicar ao problema da conquista do poder". Esta é uma expressão chave do neo-reformismo que passa a se exibir sob a pena gramsciana. Conquistar, antes de mais nada, posições na sociedade civil. E se não for o parlamento, à maneira de Togliatti, será o "problema do poder" na fábrica, com o qual o Partido supostamente revolucionário se vincula aos infinitos mecanismos de uma "sociedade civil" na qual o objetivo do poder aparece atomizado dentro da empresa econômica. Assim, Gramsci dificilmente iluminaria uma nova estratégia sindical e não se salvaria de uma inércia dramática incapaz de produzir a passagem para a estrutura unitária da política: a resposta ao poder do Estado, a partir de um projeto político inteiramente confrontado com ele. É verdade que o poder nunca é atacado de repente, à maneira blanquista, mas não é menos verdade que o alpinismo neo-reformista, que estabelece acampamentos de base auto-abastecidos nas encostas antes de chegar ao cume, acaba permanecendo na verificação estática e anistórica do "duplo poder" ou de um "empate" que o neo-capitalismo sempre incorpora vitoriosamente.

Desta forma, Gramsci é trazido de volta aos Conselhos de Fábrica; o poder seria resolvido dentro da fábrica, pois a situação na fábrica resume a situação do poder em toda a sociedade. Como resposta aos novos desenvolvimentos do capitalismo, não parece apropriado adotar de uma forma desfigurada a primeira abordagem de Gramsci. Em 1919, ele provavelmente acreditava que o poder seria resolvido dentro da fábrica. Por uma variedade de razões, aqueles que estão olhando para as modificações internas do capitalismo, a fim de elaborar uma nova estratégia para a contra-estratégia, retornam ao marco da fábrica como o único universo da política.

5.
Portanto, é necessário perguntar, profundamente, se essas derivações neo-reformistas são autorizadas, previstas ou delineadas em Gramsci. Há as páginas sobre eleições e as dedicadas à frente única, que seriam correspondentes, no nível militar, à "guerra de posições", ou seja, à disputa pela hegemonia na sociedade civil. Mantenhamos estas equivalências nos vários níveis: *frente única — guerra de posições — hegemonia*. Na medida em que, na Rússia, era necessário tomar por assalto um Estado quebrantado, incapaz de produzir sua defesa na integração social e econômica, a "guerra de manobras" lhe era a mais apropriada: o "assalto" ao poder tinha então a vantagem de um Estado adversário que, "sendo tudo", não podia gerar sua própria retaguarda social. No Leste, então, tratava-se de uma guerra de manobras; no Ocidente, de uma guerra de posições.

E aqui, também, estão as páginas contra o economicismo, que são demonstrativas, impecáveis, onde certamente não se quer dizer o mesmo que em Lênin: se Lênin afirmou uma consciência não sindicalista, não trade-unionista, mas imperativamente revolucionária, para Gramsci trata-se de uma questão de "hegemonia", não como um produto imperativo de uma consciência revolucionária, mas como um resultado do exame "dos diferentes graus em relação às forças em jogo". Assim, o Partido será a "couraça cultural intelectual" capaz de ser a síntese política da formação de uma vontade nacional-popular-coletiva, à qual a esfera econômico-corporativa sempre se opõe. O anti-economismo está no "bloco histórico", ou seja, no conjunto de forças da nova sociedade agindo contundentemente sobre a antiga. Em Lênin, está na metodologia do Partido, ao passo que em Gramsci tem um viés menos metodológico. Sem nos apegarmos demais aos termos: Gramsci é mais gnoseológico e, aqui, a definição do político — o terreno da ideologia, da superestrutura — está encerrada no conceito de hegemonia, que não é simplesmente a ação de conquistar o poder, mas sim o que acontece dentro do bloco histórico pela ação do Partido. Há uma distinção em Gramsci: hegemonia e concentração da hegemonia, e esta última parece corresponder ao que Lênin chamou de "acumulação prodigiosa de contradições", pois o momento de concentração da hegemonia seria a voz da ordem com a qual o Partido considera pronta sua estratégia de controle da sociedade civil e, portanto, enfrenta a transição para a dominação do Estado. Mas como se determina o momento dessa concentração, desse acúmulo de contradições? Há a noção de "crise" em Lênin, e há também a correspondente em Gramsci, a "crise orgânica", noções das quais parece impossível escapar: elas são, aliás, muito vagas, em contraste com os passos metódicos que o Partido deve delinear antes da crise do sistema: a necessidade de desenvolvimento capitalista em Lênin, a necessidade de hegemonia em Gramsci.

6.

As páginas cruciais escritas sob o título "luta política, luta militar" são uma tentativa de resolver esses problemas.

O Partido está entrelaçado com a sociedade política por ter hegemonia. "Todos sentem que o Partido reina e governa". Ao expandir sua hegemonia, faz o Estado "desaparecer", mas ele mesmo hesita entre tornar-se um novo Estado — ao modo de Maquiavel — ou desaparecer-se também, auto-eliminado como uma força consciente que produz a reabsorção da sociedade política na sociedade civil.

O que é certo é que uma sociedade civil complexa força — para Gramsci — à guerra de posições. As estruturas maciças das democracias modernas, bem como as organizações estatais como um complexo de organizações que operam na vida civil, representam no domínio da arte política o mesmo que as trincheiras e fortificações permanentes do fronte na guerra de posição: tornam "parcial" o elemento do movimento que antes constituía 'tudo' na guerra" (Gramsci).

As maciças "estruturas das sociedades modernas" dariam lugar então a uma desqualificação do método "oriental": Rússia, 1917, guerra de manobras, assalto ao poder. Sem crises orgânicas e — o que é mais importante — com uma sociedade civil cuja hegemonia o Partido deve disputar com as poderosas corporações econômicas entrelaçadas com seus servidores ideológicos e seus próprios funcionários do Estado (as fortalezas e casamatas do Estado), impõe-se a estratégia da guerra de posições. "Uma classe que deve trabalhar todos os dias com horários fixos não pode ter organizações de assalto permanente" (Gramsci).

É por isso que o "arditismo", ou seja, o corpo de voluntários que assumem riscos, ou mais simplesmente os "comandos" ou "formações especiais", é um método da classe dominante. Com esta argumentação incorreta, que a experiência político-militar das revoluções no Terceiro Mundo refuta categoricamente, Gramsci conclui que não há moda mais tola do que opor "arditismo" ao "arditismo". Estes relâmpagos com os quais Gramsci assimila o caráter das defesas sociais do Estado moderno ao caráter dos instrumentos político-militares do povo não parecem ser justificados. Ele foge do neo-reformismo ao buscar as raízes militares da estratégia, mas o fruto obtido não parece ser muito feliz: apenas um conceito de "revolução passiva".

Gramsci sugeriu vagamente o fim do Estado através da conquista de sua retaguarda civil, que são as "casamatas" e "fortalezas" constituídas por organizações sociais, culturais e intelectuais destinadas a preservar a hegemonia do Estado opressivo.

Aparentemente, são reabilitados assim seus exegetas de rotina, que agem com papel timbrado, carimbo do correio e assinatura do comissário político na linha pontilhada. E então, parece que tudo o que se segue na Itália — a produção "progressiva" ou "frentista", a ideologia da "reconstrução nacional" do pós-guerra, com seu suave ceticismo, sua nostalgia, seu humor carregado de intenções — tem um sopro inconfundivelmente gramsciano.

E ainda assim, a voz mais profunda de Gramsci, a mais séria e insistente, aquela que tem — como dizem — o maior poder de convocação, é a que desloca cada problema estratégico para o único marco capaz de dar-lhe sentido: a vontade nacional-popular, ou o que equivale à mesma coisa, a organização política, cultural, moral e intelectual do povo.

Eles pensam que têm nas mãos um Gramsci grosseiramente "frente-unista", e é por isso que os escribas dos Partidos de triste memória ou dos Partidos dos entomologistas do estruturalismo são capazes de perdoar-lhe seu namoro com Croce e Sorel, são capazes de engolir aquela "revolução contra *O Capital*", termos pelos quais Gramsci se dirige ao 17 de outubro russo, ou de se envolver em educadas polêmicas com aqueles que — como Gramsci — fecharam estritamente a possibilidade de justificar uma "prática teórica" ou uma ciência estrutural da revolução, à margem da prática total da revolução, empreendida pelo intelectual coletivo e pela vontade nacional-popular.

7.

Mas é claro que todos os fios de suas meditações confluíram em um nó central. Se fosse uma questão do problema militar da revolução, ela não poderia ser tratada sem o "reconhecimento nacional das estratégias". A opção leninista de guerra de manobras estava embutida em um terreno histórico: a sociedade russa. A análise metodológica — o Estado czarista sem defesa social, sem retaguarda social — acaba se fundindo com a análise histórica do contexto nacional.

É então que a diferença entre guerra e luta política (separadas, de fato, pela lei marcial e pela estrutura hierárquica e vertical do exército profissional) deve servir para fazer dos paralelos estabelecidos um estímulo para o pensamento. Esta é, para Gramsci, a articulação correta entre o político e o militar, duas atividades taticamente diferentes, mas que se estimulam e se realimentam continuamente na construção da estratégia de poder. Estes estímulos mútuos culminam no reconhecimento nacional das estratégias, fechando-se assim o círculo entre uma estratégia política construída com metáforas bélicas [*castrenses*] e a consideração não responsável do problema militar da revolução como um problema de vontade nacional, coletiva e popular. Isso, medido por regras estratégicas, está muito longe de qualquer compromisso romântico, populista ou voluntarista.

A revolução, então, qualquer que seja a maneira como a veja, é um acontecimento nacional. Gramsci chega a esta conclusão por diferentes avenidas ou caminhos. Não há revolução sem a mobilização de todos os componentes do passado nacional em que o Partido se inseriu como uma cunha que tenta transformar um quadro histórico impróprio em seu benefício, pois toda história é a história da impossibilidade — na Itália após a dissolução do Império Romano — da tentativa de construir um Estado Nacional integrado. Este último sucumbiu à força dominante das formas econômicas corporativas, que eram sub-estados econômicos desagregados em grupos comunitários, camponeses, intelectuais, religiosos, etc.

8.

Esta consideração do nacional — que surge como uma reflexão sobre Maquiavel — parte da visão da fase democrático-burguesa como eixo de resolução do que, em termos leninistas, é conhecido como a "questão nacional".

Eles parecem aludir à mesma coisa, seja quando se trata da "questão das nacionalidades" na Rússia, ou de sua aplicação à era imperialista, onde o nacionalismo da nação oprimida pode ser revolucionado como uma "tarefa" permanentemente vigiada pelo Partido da revolução operária.

Mas Gramsci entra na "questão nacional" por outra via, além da necessidade da etapa "democrático-burguesa" ou "nacional-capitalista". Portanto, talvez seja conveniente livrar-se também da armadilha conceitual que está contida no próprio nome "questão nacional". Questão: isto é, algo acidental que provoca desvios circunstanciais ou rearranjos a uma linha central de ação; a "questão" é uma interrogação exterior ao desenvolvimento central da revolução, à qual a revolução confere uma subteoria.

Para Gramsci, o caráter nacional da revolução é seu centro preciso, seu motivo central. É centro e eixo, não é acidente ou complemento.

O Partido trabalha em um solo de heranças culturais-nacionais-populares e, ao mesmo tempo, a importância de um Partido está sempre relacionada à sua capacidade de "determinar a história de um país". Para poder afirmar que "o príncipe moderno é perturbador porque tem como referência o próprio príncipe moderno", é preciso reconhecer a esfera nacional onde ocorre essa perturbação: uma história de fragmentos econômico-corporativos que se apropriam da nação, impedindo que ela se realize com seus verdadeiros protagonistas: a classe trabalhadora, o proletariado, o "povo-nação".

Nessas condições, o príncipe moderno é um projeto, uma antecipação e um germe. Certamente, não é a teoria do "germe" de nossos esquerdistas, que está nos antípodas de Gramsci; nele, trata-se de um germe do novo Estado; naqueles, trata-se de um germe contra o movimento nacional.

O Partido, em resumo, é um novo sistema de relações sociais já em funcionamento onde a maioria é reconhecida como protagonista eficaz na disputa pelo poder. Toma-se consciência, então, sobre a base de uma inicial e natural desconfiança, do Poder Estabelecido na Ditadura do Capital.

9.

"Como os capitalistas estão no poder, eles não têm razão". Isto é o que pode ser dito voltando-se para os temas característicos das ideologias críticas dos debaixo. Mesmo em suas manifestações mais naturalistas, as classes populares têm uma pitada de dúvida, de desconfiança em relação aos poderosos, e o cristianismo coloca este fato, sem dúvida, em seu ponto de partida. Os debaixo julgam pelas "aparências" e, mesmo assim, não se equivocam. Mas há algo mais: é precisamente no nível das aparências, das ideologias, que os seres humanos tomam partido.

Um pensador americano, por tantas razões semelhantes a Gramsci — Charles Wright Mills —, trará este fato com força em todas as suas reflexões. O que acontece com Mills é que ele colocou todos os seus esforços críticos do lado da sociologia, como único remédio possível para o problema do vínculo do raciocínio dissidente com as tradições democráticas e popular-nacionais. Ele insistiu que este vínculo poderia ser encontrado mais em intelectuais independentes na esfera das ciências sociais do que em supostos Partidos políticos, tendo em vista a possibilidade de se organizarem fora das grandes forças estabelecidas.

Mills faz, em *A imaginação sociológica*, sua crítica da mesma sociologia que Gramsci analisa acusadoramente no *Ensaio popular* de Bukharin. Mas Mills reservou um terreno menos inóspito dentro da própria sociologia, a fim de apresentar a alternativa da "pesquisa social como uma arma política".

A partir daí, ele propôs recuperar as tendências truncadas, as oportunidades perdidas do "tipo nacional" para reverter os eventos que culminaram, historicamente, na Nação Capitalista imperialista. Opressiva, corporativa, policial, tanto com suas maiorias internas quanto em sua projeção imperial externa. Mas deve ser entendido que isto ocorre em uma história nacional. A noção central aqui é a da nação capitalista cuja condição de possibilidade é a derrota infligida a seu antagonista: o projeto de uma sociedade nacional, democrática, igualitária e não-imperialista.

Descobrir os restos fracos e vagamente delineados dessas tendências sepultadas sob o peso dos fatos produzidos pelas corporações oligopolistas é, em Mills como em Gramsci, o primeiro elo na construção do Partido revolucionário. O norte-americano foi lento nas tarefas de crítica conceitual, sua estratégia o aconselhava a não se isolar das ciências sociais, onde ele considerava travar a batalha do intelectual isolado antes de chegar ao intelectual coletivo. Isso lhe valeu a insistente reprovação de ser um liberal, que certamente não vai ao âmago da tarefa que havia empreendido como "pensador nacional". O surgimento das ciências sociais na formação da nação americana moderna é crítico e impulsiona a aliança entre os políticos, os monopólios e os senhores da guerra. Portanto, ele ria do fato de que era possível reconstruir a continuidade nacional democrática perdida buscando-a por debaixo da avalanche burocrática que caiu sobre esses afloramentos.

Mills foi permanentemente rejeitado pelos caixilhos das corporações sociológicas. Gramsci, por outro lado, foi assediado por sociólogos como aves de rapina. Encontraram nele uma "teoria das superestruturas" à qual conferiram o título de "teoria regional" que, em comparação com a outra "região", a das estruturas, seria menos explorada. E então, por meio de uma bagagem conceitual preliminar, eles se lançam a tecer hipóteses ou propor sistematizações dos conceitos de "hegemonia" ou de "bloco histórico".

10.

E mais uma vez nos perguntamos se Gramsci permite a deformação sociológica de seu pensamento. O fato de os *Cadernos* serem concebidos como "investigações", como notas de ateliê, como uma forja permanente cujos dados foram trabalhados de forma recorrente, pode confundir mais de uma pessoa. Ouça os sociólogos falando de Gramsci: eles encontrarão nele "observações sociológicas muito agudas", "felizes intuições sociológicas".

Assim, ele aparecerá embutido, colidindo com a estrutura gelatinosa da sociologia: a agudeza e a intuição não lhe haviam servido para nada. Trata-se justamente da sociologia, que era para Gramsci uma "tendência em si" de uma inclinação claramente positivista, a "filosofia dos não-filósofos", um fato cultural complexo com seu próprio nervo político de natureza social-democrata, integracionista ou desenvolvimentista.

Inscrita na herança instrumental das classes hegemônicas, Gramsci dificilmente poderia esperar que a sociologia fosse a esfera apropriada para receber suas reflexões. Mas, mesmo que seus juízos categóricos não parecessem sérios, seria pouco sério considerar Gramsci à parte de seus propósitos explícitos: os de desenvolver uma estratégia completa e global para a tomada do poder pelas classes populares, em um tempo e espaço historicamente determinados. No entanto, alguns comentaristas da moda nos informam que Gramsci "surpreendentemente antecipa a forma de lidar com os problemas do consenso, da função integradora e dos modos de difusão dos valores culturais característicos do funcionalismo americano nos anos 1950".

A vinculação apátrida com o funcionalismo é seguida por outra imputação espetacular: "ao estudar as formas pelas quais a classe dominante organiza a preservação e penetração de sua ideologia e (...) enfatizando a importância da arquitetura, do traçado das ruas e de seus nomes, é como se estivéssemos escutando o eco de certos estudos durkheimianos do início do século, os de Manier, ao mesmo tempo que antecipando as orientações da facção culturalista dos ecologistas, como os Firey, por exemplo".

A cumplicidade gramsciana com sociologuinhos ignorantes está destinada a um arremate final: a vida coletiva, a vontade nacional-popular, categorias centrais para Gramsci, seriam "quase literalmente expressões durkheimianas".

Assim, Antonio Gramsci está sujeito ao fogo cruzado de sociólogos neo-reformistas e políticos social-democratas. Os primeiros sabem de cor como criticar as aderências evolutivas da teoria da hegemonia, mas ficam com um Gramsci que dificilmente está ligado a "equívocos fecundos". Em seguida, eles passam a avaliar cuidadosamente um Gramsci que traz à tona o "problema da superestrutura", mas que converte a ciência em parte dessa superestrutura.

Eles reclamam da má direção "historicista" de Gramsci, pois desta forma a ciência perde a autonomia e a especificidade de ser a única prática que pode explicar todas as outras, sendo a única que "produz conhecimentos objetivos", com o que ela se converte, de fato, em um Partido político duplamente superestrutural, tornando-se a inteligência central da sociedade, com seu corpo especializado de funcionários, os cientistas sociais. Contra essa mania de explicar a revolução por meio de categorias epistemológicas burguesas, Gramsci eleva sua concepção do político como um filósofo real, tornando-se "o homem ativo que modifica o conjunto de relações das quais o homem forma uma parte".

E esse não está localizado nem na "estrutura" nem na "superestrutura". A organização política, o Partido, é uma contradição na "sociedade civil" que não pode ser localizada em nenhum dos níveis sem recorrer a um regime de exceções, autonomias e "eficácias próprias" das superestruturas que invalidam a fecundidade da distinção; para que seja útil, ele deve explicar, mas não por meio de admoestações.

A autonomia da superestrutura foi concebida para apontar o funcionamento das sociedades nacionais, tendo a formação coletivo-popular como meio homogêneo em que o Partido se desenvolve. O Partido, o filósofo político, é assim uma antecipação da sociedade futura, cujo lugar específico na estrutura do presente é o que o constitui em uma força não integrada no Estado dominante, e cuja "eficácia" não é a da superestrutura, mas sim de uma nova sociedade política.

Em nosso meio, as formiguinhas sociológicas também fizeram

suas pequenas andanças para tomar emprestadas as categorias do arsenal gramsciano. Estes sociólogos são, no entanto, vergonhosos gramscianos, porque concordam, definitivamente, com a tentativa althusseriana de transformar Gramsci na pré-história do estruturalismo. Mas isso é feito em uma pré-história dividida ao meio: nos Cadernos do Cárcere apenas a relação filosofia-política é delineada, mas a relação fundamental, aquela sem a qual os estruturalistas não podem pensar, está ausente: a relação filosofia-ciência.

Com tudo isso, eles pretendem evitar a possível confusão entre a ciência da história e a "filosofia da práxis". Ou entre a ciência da história e a própria história. Esta discussão, que tem o historicismo de Gramsci como inimigo, não nos convoca como defensores nem como promotores de Gramsci, mas não podemos deixar de apontar o empenho mesquinho daqueles que, a partir de seus Cadernos de laboratório, atacam os *Cadernos do cárcere* por sua [suposta] falta de cientificidade e seu apego excessivo aos aforismos das teses de Feuerbach: o lado ativo do conhecimento, desenvolvido até agora apenas pelo idealismo.

Mas esta é precisamente a veia promissora e frutífera que pode ser desenvolvida a partir de Marx.

11.

Em resumo, interessa-nos a abordagem histórica que Gramsci faz da ciência como um instrumento da hegemonia das classes dirigentes, uma vez que ele se preocupa com a tarefa de recompor uma história interrompida e fraturada. Em compensação, quando a história é escrita, quando ela é historiografia, somos confrontados com uma noção eminentemente burguesa, porque é a história dos intelectuais do Estado, a única categoria social de desenvolvimento ininterrupto. Trata-se, portanto, de colocar o conceito de história onde aparecem as classes populares, as pessoas simples, os trabalhadores e camponeses, os depositários do projeto do povo-nação e os seguros protagonistas da vontade nacional-popular. Se a história tem que ser recuperada, então ela é uma tarefa no presente, uma tarefa política.

O Gramsci do qual se apossam sociólogos, linguistas, críticos literários e teóricos da estética não é um mosaico multicolorido e caleidoscópico, adequado para ser explicado em termos de um único saber que aceita, em sua composição interna, a norma burguesa da atomização e dos infinitos ramos disciplinares: as chamadas ciências humanas ou ciências sociais. Pelo contrário, Gramsci é um exemplo cabal de uma artesanato onde a base institucional das ciências sociais é liquidada para fazer com que as teorias, os "tipos ideais", os dados puros, os esquemas de conhecimento e as análises particulares dependam de um único eixo orientador: o Partido político que constitui sua hegemonia e produz, ao mesmo tempo, um fato de política e de conhecimento social, pois forma sua própria filosofia, sua própria arte, sua própria ciência.

12.

Para nós, Gramsci tem uma decisiva inscrição em uma tarefa de reconstrução do conhecimento em ação. Ela é feita não como uma "luta ideológica", nem como uma "frente cultural", que é aquilo ao que se o forçou a dizer quase exclusivamente até aqui.

Explicitamente, nossa relação com Gramsci surge quando são superadas as tentações de participar da polêmica européia entre os gramscianos togliattistas, os gramscianos neo-sindicalistas e os gramscianos sociologizantes. Oficialistas, dissidentes ou hereges, eles não têm nada a ver com nossas próprias preocupações e problemas.

Diante deles, Gramsci vale mais pelo que nos permite suspeitar do que pelo que disse. Ele vale pelos anúncios vigorosos, por uma estratégia nacional que sintetiza política, cultura, filosofia e organização popular, pela evidência segura de que estamos diante de uma análise com valores inestimáveis que nos afirma e nos reforça em nossas próprias certezas.

Não procuramos nele modelos ou justificativas metodológicas: vemos nele uma reflexão revolucionária profunda, aberta e criativa, fora do quadro sufocante da democracia partidária sovietológica, mostrando-se particularmente lúcido ao centrar a mobilização das classes populares na agitação do tema nacional.

Seu conceito de "nacional popular" não foi elaborado para os povos do Terceiro Mundo, nem tampouco confiamos nas elaborações gramscianas para gerar nosso próprio conceito de nação. São os sociólogos gramscianos que dizem que o nacional-popular, incorreto para a Itália, "seria mais adequado para explicar o peronismo ou o varguismo".

Sendo incapazes de transcender a mera consideração do "modelo teórico", e anexando ao próprio modelo uma crítica abstrata à social-democracia, eles acreditam ter ganho assim o direito de não responder concretamente ao desafio de Gramsci à esquerda italiana para pensar a revolução como nacional, popular, coletiva, histórica e jacobina.

Não sabemos como Gramsci teria pensado em categorias centrais para nós hoje, tais como as de movimento nacional, de líder nacional, de descolonização e de violência popular, tendo, para tanto, o poderoso instrumento em suas mãos: a "vontade nacional-popular".

Somos atraídos a ele por seu próprio encontro irremediável com uma luta que temos boas razões para supor que teria compreendido muito bem. Outra prova disso é, sem dúvida, o fato de que o gramscianismo italiano do pós-guerra não conseguiu superar as abordagens social-democratas, cientificistas ou sociológicas.

Há então a incapacidade italiana de Gramsci. E também: a omissão, porque ele não havia conhecido tais fatos, ou porque não existiam em seu tempo os processos nacionais nos países do Terceiro Mundo.

Ambas as impossibilidades, ambos os desencontros, são para nós de igual interesse em Gramsci.

Trata-se, portanto, de não ser gramsciano entre nós; pois aqueles que são gramscianos empunharam Gramsci como explicação — na época — para o "mal-entendido dos intelectuais com o povo", e isso produziu alguns tremores breves e fugazes em certas ortodoxias de comitês.

Mas aqueles que começaram dessa forma logo se envolveram em um grosseiro mimetismo sociológico com as categorias gramscianas. O peronismo torna-se, por exemplo, "cesarismo progressista", um conceito mais elegante do que o bonapartismo de uso cotidiano, mas feito dos mesmos adereços com os quais fazem todos os seus modelos cientificistas. O Gramsci que pensa em teorias mobilizadoras acaba sendo transformado, assim, em um Gramsci em madeira-de-balsa para o uso de sociólogos pedantes e anti-peronistas.

Em compensação, onde Gramsci está presente, isso se dá através de uma comunidade temática de ação. Em John William Cooke, por exemplo.

É possível reconhecer nele não poucos "temas" gramscianos, mas dissolvidos em forma aplainada, silenciosamente dispersos e suavizados em um exercício de pensamento solidamente cultivado a partir de baixo. Assim, a política e a história aparecem como expressões de um antagonismo social que produz ações efetivas apenas no nível das ideologias: então, a oposição peronismo-antiperonismo aparece, por um lado, como expressão da crise do regime e, por outro, como um avanço da consciência política da classe trabalhadora.

Assim, a nação se mostra como uma proposta sintetizadora da convivência popular e não como uma etapa evolutiva no ciclo da revolução burguesa.

Desta forma, a cultura popular se expresa como uma manifestação concreta das lutas da classe trabalhadora, que — ao gerar seu próprio projeto hegemônico — define o "fato maldito" como sendo o modo específico pelo qual o peronismo expressa sua armadura cultural e nacional.

As próprias crises internas do movimento nacional podem ser vistas como a crise de uma abordagem de hegemonia baseada em uma ação sindical incapaz de liderar a luta por inteiro ou, no outro extremo, definindo sua ação já como parte da esfera estatal.

Desta forma, o papel dos sindicatos no movimento nacional deve ser julgado em virtude da perda de sua capacidade de formar, deixando de ser o agente centralizador da hegemonia.

Além disso, a comunidade temática se estende à análise da luta político-militar. Lá vemos então uma Gramsci que não nos permite ser gramscianos.

13.

Para nós, peronistas, o Gramsci que exigimos, que elegemos e que traduzimos aparece como um dissolvente do próprio ritualismo gramsciano. Por outro lado, tal como o vemos, ele é um sintoma ou uma percepção que nos toca levemente, apenas em uma travessia momentânea que nos permite a permuta de sinais da inteligência.

Ele não é e não será, então, o escritor de livros de cabeceira para trazer à tona ortodoxias que não nos contemplam. Ele também não é um guia para entender ou avaliar a experiência de nosso povo, com o qual já estamos de antemão identificados, nem um fornecedor desajeitado de modelos sociológicos que rejeitamos tal como uma refeição que nos deixa com uma azia permanente.

Mas nossas forças ativas, com seu horizonte de pensamento revolucionário, coletivo, nacional, popular, proletário, e com nosso Velho General em Batalha, estão interessadas na meditação penetrante deste político encarcerado, com sua terrível impotência, com sua carga sóbria de antecipações e com sua inteligência comovente, que foi obrigada — neste momento, certamente, sob a perspectiva de um encarcerado — a chamar de "investigações" as suas reflexões plenas e diretas sobre a revolução.

O GENERAL DA CONSCIÊNCIA INFELIZ

Como muitos devem lembrar, a identidade peronista era motivo de muitas piadas por parte do próprio Perón. "Neste país há conservadores, radicais, socialistas", dizia. "E peronistas, General?". "Ah... Peronistas são todos". Essa brincadeira do General nos introduz ao nosso tema. Ilustra a ideia de que, coroando os hábitos políticos que dividem explicitamente os argentinos em conservadores, radicais e socialistas, haveria uma outra mola, última e transcendental. Esta estaria constituída por uma identidade de sobrevoo que levaria todos de volta a outro ponto distante e inequívoco, projetado para além das consciências momentaneamente divergentes.

Esse ponto distante se chamava "peronismo". Todavia, uma vez que se chamava também da mesma forma a trincheira diária da vida política argentina a partir da qual era convocado o combate contra os oligarcas e seus consortes, ocorre que temos aqui um peronismo disposto tanto a dizer "minha bandeira é a bandeira da Pátria", quanto a baixar rapidamente desse nível de generalidade. Quando o faz, não tem medo de dizer "ao inimigo, nem justiça", apelando ao direito sumário que qualquer identidade já configurada teria a organizar o mundo à sua imagem e semelhança, praticando drásticas exclusões.

A propósito dessa questão, analisaremos a crise do peronismo.

ÉBRIOS DE UMA TARDE DE DOMINGO

A relação de reconhecimento que Perón tinha com o movimento que levava seu nome era própria de uma *consciência infeliz*. Por um lado, sentia-se politicamente reconfortado com a amplitude que a identidade peronista tinha conseguido desde o ano 1945 em diante. Essa conjunção de forças heterogêneas deixava um lugar central em "branco". Neste lugar se encarnava "o destino do Condutor". É lógico pensar que esse "homem do destino" não poderia aceitar com facilidade que um mecanismo tão excepcional da história, que reunia num encontro faustoso uma sociedade em movimento com um indivíduo que atribuía a si mesmo os óleos da fortuna, fosse dilapidado em festas de praça pública.

Naquelas festas, comemorações e lutas no espaço público, não se deveria nem se poderia correr o risco de deixar muitos potenciais convidados de fora, por medo dos obscuros saltimbancos proletários e por desconfiança dos deliciosos ébrios que saiam numa tarde de domingo com a cabeça quente de sol. Assim, Perón estabeleceu e tentou alianças com meio mundo; na verdade, com o mundo inteiro. Dos feitiços do mago da Secretaria de Trabalho e Previdência, nem socialistas, nem comunistas, nem conservadores, nem nacionalistas, nem anarcossindicalistas, enfim, ninguém se viu livre.

Ele buscava a "unidade nacional". Mas, ao mesmo tempo, criava uma identidade que produzia novas formas de desintegração e recomposição de antagonismos no corpo político do país. Nesse paradoxo, Perón reuniu uma formidável contraposição gnosiológica na política argentina. Ao mesmo tempo em que, com seu patronímico, deveria ocupar a maior quantidade de lugares no espectro político argentino, não parava de criar divisões. Daí a consciência infeliz. Buscava a unidade e cavava trincheiras.

O peronismo, entretanto, parecia abraçar com prazer a ideia de dar sentido à unidade através de formas de luta e contraposição de forças, e ninguém poderá dizer que não havia em Perón uma espoleta oculta que entrava em funcionamento em momentos muito críticos, ao estilo do cinco por um; nem ninguém poderá tampouco estranhar o rejuvenescimento que parece acometer Perón na época de sua relação com John William Cooke. Analisemos a correspondência entre ambos, que é um dos segmentos mais ricos do epistolário argentino, à altura de documentos tão diferentes e separados no tempo como as "viagens de Sarmiento" ou *O Diário do Che*. Podemos percorrê-la para perceber até que ponto Perón se demora em considerações guerreiras, em estratégias de gosto bélico severo, cheias de hipóteses, cartapácios, planos de ação e pergaminhos alimentados de jargão militar do "condutor na resistência". Homens e situações são ali menções fugazes que a história deixou escapar pelos dedos — algum futuro historiador dessas microssituações, alguém menos contaminado pela graça opaca de um Joseph Page ou o virtuosismo exagerado de Tomás Eloy Martínez, irá sem dúvida recuperá-las — pelo que essas cartas revelam, em primeiro lugar, que o leão herbívoro voltou a ver a carne e o sol dos dias de luta, com as peças sobre o tabuleiro da batalha, ou do "quadro da situação". Isso, diga-se de passagem, Perón deve a Cooke, interlocutor à altura.

TOTALIDADES INDIVISÍVEIS

Porém, essa linguagem bélica parece ter tido um valor apenas instrumental e deixava Perón com a amarga sensação de que a guerra sucedia somente no âmbito instrumental, e, portanto, isso era indigno das grandes construções históricas. Digo isso porque não poderíamos supor sensatamente que Perón, quem tão frequentemente qualificou os acontecimentos do seu cotidiano épico-sentimental como instrumentais ("Evita foi um instrumento meu"), poderia se contentar com um território habitado somente por sapos. Chega um dia em que engolir um deles em todo momento e lugar se torna insuportável para qualquer um. Por isso, um político engolidor de sapos cotidianos sempre disfarça isso com algum lirismo de *nation builder* [construtor de nação]. É o caso de Perón. É por isso que podemos dizer que sua consciência era infeliz. Porque, apesar dos momentos de exílio, luta e conflito, sua vocação essencial era a de um criador de totalidades douradas e indivisíveis, em que todas as potências em discordância foram (se possível, calmamente) reconciliadas. Se chamarmos isso de *comunidade organizada*, não estaremos muito longe do que poderíamos considerar como a mais precisa inclinação política do velho líder. Seus últimos discursos, particularmente um deles realizado na *Confederación General del*

Trabajo (CGT), acentuam um humanismo evolucionista, um historicismo estranhamente fatalista e o encontro de um novo terreno conceitual para situar o sujeito histórico: a humanidade. Não se trata sequer de um "continentalismo", mas sim de uma humanidade como sede de um universalismo sem opressores.

Em 1973, ele disse ter vindo desencarnado, e lembro que todos nos olhávamos surpresos. Não era fácil saber o que o "Velho" queria dizer com isso, apesar de suas imagens serem, em geral, de fácil entendimento. O que queria dizer era que finalmente considerava encerrado o período do peronismo como identidade de luta, ou simplesmente como identidade que precisava de um espaço político nacional ainda cindido para se desenvolver.

UMA PALAVRINHA

Mas de imediato se dirá: não saiu de sua voz afável e estrondosa de diretor de escola suburbana o conceito de que as vinte verdades ainda estariam em vigor e que "não há novos rótulos para classificar nossa doutrina"? Isso também em 1973. É bom lembrar que uma dessas vinte verdades era a que estava destinada a uma rápida operação de ressemantização, se me permite a palavrinha. Justamente a que dizia que para um peronista não havia nada melhor do que outro peronista.

Esta era uma imagem especular que, com a reformulação, atualizava sem mudanças, mas agora com os termos sugestivamente substituídos: "para um argentino não há nada melhor do que outro argentino", com o qual os peronistas já não podiam ter a mesma confiança de ser "os de sempre". Assim como ser peronista e dizer "a vida por Perón" já não significava nada, tendo em vista a proximidade da solução do problema central que pressionava desde 1945: qual era a distância ou a diferença entre o movimento peronista e as conquistas patrióticas que todo argentino deveria propor como tal? Grave problema ao qual o Perón de 1973 considera poder responder, ao mesmo tempo que chama para combater outros peronistas. Estes últimos peronistas estranhos — que, à sua maneira, também tinham o drama da dupla identidade por serem *peronistas* e *montoneros* — e que se caracterizavam por se dizerem peronistas enquanto Perón "abandonava" o peronismo para desautorizá-los ("por vinte anos vimos a esta praça para ficarmos em concordância").

Não acredito que se possa dizer com absoluta certeza qual foi finalmente o "método" que Perón preferiu para o debate com os *montoneros*: se era reivindicar o peronismo de 1950 ou o futuro "argentinista" do projeto nacional dos argentinos. Estamos diante de um Perón vacilante. Dividido entre ser "muito" peronista à moda antiga ou declarar uma das vinte verdades, a fundamental, a modernamente superada. Era, na verdade, um Perón que queria resolver definitivamente a relação Movimento-Nação. Essa resolução apontava para uma identificação de ambos os termos. É desnecessário dizer que isso criou inumeráveis problemas políticos nas orientações de sentido existentes na política argentina contemporânea. Diante da desejada unidade nacional, o peronismo era um instrumento para conquistá-la e, ao mesmo tempo, uma parcialidade. Assim, Perón viu o peronismo como emblema do seu orgulho, mas também com um desprezo secreto.

Falar de totalidades, projetos e amplos círculos de concordância foi uma das almas discursivas do peronismo. Não seria estranho que o conflito se desenvolvesse em seu nome e que a vênus da revolução permanecesse sempre com o mandato renovado, caso consideremos que toda forma de vida política é marcada pelas distâncias entre o fazer e o simbolizar, entre o mundo prático e o mundo discursivo. Mas, nos momentos atravessados pelo peronismo, não é possível ignorar este problema: ou a linguagem teve uma excessiva predileção por abstrações somente válidas pelas imagens móveis que dele se desprendiam *ad usum* do líder (e, ainda assim, com sua validade restrita à forma de uso a que se destinava), ou a realidade que o peronismo criava não teve à sua disposição nenhum recurso discursivo permanente para dar conta dela.

O PERONISMO DA EPIFANIA

Perguntamos agora se houve um único sentido do desenvolvimento histórico no peronismo. Quer dizer, quando o peronismo teve que contar a sua própria história, como construiu seu próprio lugar na realidade que agora o continha?

Uma convicção que agora mereceu se estabelecer nas reflexões e angústias dos peronistas "dessacralizados" pelo 30 de outubro é que o peronismo é explicado pela sociedade, afirmação que nunca pareceu tão óbvia quando se sabe que vinham dizer abertamente o contrário, isto é, de serem clientes da tese da "primazia da política", de um modo bastante presunçoso para que fosse crível essa afirmação da filosofia ante a economia (que de outra forma seria desejável e até necessária). Se, na relação peronismo-sociedade, é a sociedade e não o peronismo que mantém uma ordem explicativa de prioridades, é preciso dizer de que forma o peronismo se viu desde suas origens, quando foi o caso de dar conta dessa mesma interrogação.

E então, vemos duas maneiras de situar o peronismo num fluxo histórico; ou, dito de outra forma, duas formas através das quais o peronismo criava uma relação significativa com o material histórico precedente, ou simplesmente com os entornos da realidade política a respeito dos quais ele poderia se perceber como sendo contemporâneo.

Uma visão da história, no peronismo das origens, conduziu a pensá-lo como uma criação única e original, sem ser referenciada por antecedentes ou situações semelhantes, coisa típica de outros momentos históricos ou de outras latitudes. Chamemos essa visão das coisas de "peronismo criacionista". Ou seja, houve um nascimento que cortou os tempos em dois. E desse vão irrepetível surgiu o peronismo. Em *La razón de mi vida* acredito que estão as manifestações mais elaboradas do peronismo criacionista. Há ali uma ideia de "dia maravilhoso" que pertence ao elenco de descrições com que se atende ao encontro de Perón com Eva, dia propriamente de iniciação, com estrutura de "boas novas" e epifania. O "maravilhoso", por outro lado, pertencia ao vocabulário de Perón, que o usa no sentido épico e não como prodígio de diferentes épocas históricas mescladas. Anos depois, ele entregou essa palavra e, logo depois, retirou-a da juventude de 1973.

No entanto, o peronismo criacionista tem muitos textos a seu serviço, também entre os discursos iniciais de Juan Perón. O discurso na Bolsa, por exemplo, ou aquele na *Universidad de La Plata* (temas de defesa nacional) continham prematuramente a ideia de que haveria um drástico antes e depois na história argentina, com o que começaria uma nova era de "política científica", que seria um gesto definitivo de diferenciação entre o novo e o velho. Essa ideia se marca com mais propriedade no *Manual de conducción política* do que nos citados discursos, pois nesses últimos ela estava destinada apenas a interlocutores marginais: intelectuais nacionalistas em um caso, empresários em outro. No *Manual*, Perón se dirige a peronistas com um tom "científico" que lhe permite afirmar que só há dois livros na história da cultura argentina que, com tanta repercussão entre seus leitores, defenderam a tese de que a política deveria desconhecer as matrizes do caudilhismo pré-científico. Um deles é o *Manual*; o outro é o *Facundo*.

Como corte no fluxo do tempo, nascimento e origem que nenhuma história anterior explica nem nenhuma posterior seria capaz de resgatar, o peronismo sabe apresentar a si mesmo como um feito numa noite de epifania, de maneira "que ninguém faria isso por ele de modo que tivesse pelo que agradecer", segundo a frase que Perón cita continuamente para justificar a onisciência do condutor militar.

Além desta, há outra visão da história. É uma visão que coexiste com a anterior, mas que se diferencia pontualmente na tentativa de redimir a história do peronismo a uma sequência de sentido histórico maior que o próprio peronismo. Comecemos por lembrar novamente os textos atribuídos a Evita.

Na *Historia del peronismo*, publicação que reúne aulas lidas por Evita em uma das escolas de educação de quadros do peronismo, diz-se que a história do movimento operário conta com diversos líderes [*jefes*]. Um deles era Marx, de modo que aqui nos encontramos numa situação bem diferente da anterior.

Em nome de que Evita dizia que Marx era um líder [*jefe*]? É certo que, de imediato, associa-se essa opinião com diversas afirmações a respeito do "materialismo" de Marx, fazendo-se, neste ponto, uma diferenciação justicialista; mas o fato é que entre Perón e Marx, para além de óbvias incompatibilidades, há um terreno comum. Os dois são líderes, um equivocado, sem dúvida, e o outro, tendo uma relação explícita com a verdade. Mas, no fim das contas, são líderes: em um aspecto, a história os tornou homogêneos.

Não é necessário estar certo em tudo para ser um líder, muito embora ter a posse da verdade dê aos líderes uma maior operacionalidade social. No entanto, Evita quer nos dizer que é possível pertencer à história das duas formas. Temos aqui uma visão da história que supõe linearidade e sentidos que crescentemente se apoiam uns nos outros. É claro que não se predica aqui uma linha de continuidades, uma sequência à maneira do itinerário de uma consciência história que atravessa diversas etapas de autorreconhecimento — o que estaríamos pedindo ao peronismo? —, o que se faz é um primeiro tateamento de um terreno histórico que precede o peronismo. O peronismo não é tudo na história. Seus "dias maravilhosos" não foram únicos nem se estabeleceram sobre um vazio histórico. Nessa mesma *Historia del peronismo* — se não me falha a memória —, ou bem no *Manual de conducción política*, fala-se de Licurgo, "o primeiro justicialista". Aqui devemos passar por alto essa verdadeira ingenuidade historiográfica, para ficarmos com a certeza de que, ainda que caricaturalmente, uma visão da história no peronismo trata de buscar antecedentes, de sanar a tremenda responsabilidade que seria supor-se radicalmente inventivo e herdeiro de ninguém. Ainda nessa leitura arcaica de Licurgo, é possível notar que o peronismo se põe a ver-se no espelho passado de certos antecedentes que não chegaram a configurar uma sequência histórica clara, mas que, quando mencionam ora Licurgo, ora Marx, isso significa que buscam romper com a epifania comparando-se com outros protagonistas num solo histórico comum.

Essa visão mais linear, mais "historicista", também se encontra no Perón dos discursos de 1944, inclusive nos referidos da Bolsa e da *Universidad de La Plata*, duas peças canônicas da época. Mas Perón reflete ali sobre uma história constituída como revolução e, frente a isso, propõe também duas soluções que, sozinhas, constituem um grande capítulo de debates ideológicos no peronismo (ainda hoje), o qual podemos mencionar muito brevemente. Por um lado, o peronismo se situa a si mesmo dentro de uma corrente revolucionária que caracteriza o mundo moderno e que tem marcos tão importantes como a Revolução Francesa e a Revolução Russa. Aqui o peronismo está em um solo de revoluções, em uma atmosfera da época em que os ventos que circulam falam de revolução. Por outro lado, é evidente que há revoluções e revoluções. O peronismo vem para encerrar a época das revoluções que "se sabe onde começam e não se sabe onde terminam" para fazer a "verdadeira", a revolução que se sabe onde começa e se sabe, da mesma forma, como termina. Revolução cujo sentido de "conhecimento da ordem" Perón atribui aos "gregos", no mencionado discurso da CGT do ano de 1973.

Pedra de toque na articulação discursiva do primeiro peronismo, como se pode perceber, é, então, o juízo a ser feito sobre uma Revolução Russa que aparece num momento como a autêntica antecessora dos homens do 1945 argentino, e em outro momento, como uma revolução desviada, claro que não no sentido que disse Trotsky, desvio que era aqui necessário questionar com outra revolução correta, exata, moldada por argentinos e para argentinos, na sua medida e harmoniosamente.

Mas essas ambiguidades em relação à conquista de outubro na Rússia se devem ao fato que o peronismo tinha, e ainda tem, que prestar homenagem a uma revolução que — diz-se — "contém" o corpo da nação e que alguém, "já passada a hora", deveria dissipar ou limpar. O problema tem alcances maiores e seria bom acompanhar as ideias diversas da revolução que coloca no peronismo a trama ideológica da cultura argentina.

OS USOS DA DOUTRINA

Em qualquer um dos casos de que tratamos anteriormente é necessário deter-se mais atentamente à questão da doutrina peronista. Com efeito, tanto em relação às hesitações de Perón para interpretar o tema da unidade nacional — "o peronismo era o instrumento ou a consumação dessa unidade?": em cada caso, ser peronista parecia uma gratuidade ou uma tautologia —, quanto em relação às "duas revoluções" no peronismo — há uma tradição revolucionária da qual o peronismo faz parte, ou o peronismo tem uma mensagem revolucionária original para o mundo? —, é preciso analisar, agora, com franqueza, a "doutrina peronista", ou melhor, o uso que essa expressão tem no fluxo de qualquer linguagem tida como peronista. Sabemos que existem tanto peronistas "doutrinados" como peronistas que passam por alto a doutrina, baseados na crença em sua insubstancialidade, o que seria igual a dizer que o peronismo são feitos, realizações e práticas políticas efetivas, podendo-se, então, desprezar essa peculiar geografia semântica que apenas teria valor de revestimento onírico, ornamental ou arqueológico.

Mas em nenhum caso se pode ignorar o efeito social desse emaranhado de metáforas, imagens, provérbios, refrões gauchescos, fragmentos do *Martín Fierro*, parábolas de inspiração evangélica e uma densa axiomática herdada das linguagens educativas das academias militares do século XVIII. Tudo isso formou parte da vida política cotidiana do "*popolo minuto*" argentino durante quatro décadas. Só foi e é possível "fazer política peronista" ao atuar por imersão ou por omissão nessas redes de ícones verbais e escriturais que levaram tão intimamente a marca que lhes imprimiu Juan Perón. Temas das mais velhas pedagogias militares e modelos educativos de rastro conventual apareciam assim juntos a uma especial valorização do circo popular, do folhetim, da *varieté*, do grotesco das margens da sociedade antiburguesa, do pensamento indígena, do folclore que toda atividade, ofício ou estado humano segrega, da época dos romances de cavalaria, do sentimento bufão da vida, capaz de desarmar as cerimônias favoritas dos *establishments* culturais das radionovelas e dramaturgias *naïves* em geral. O peronismo foi uma vasta tentativa de combinar linguagens educativas de raiz erudita com as formas culturais provenientes do hedonismo de raiz popular. Essa fusão de correntes de pensamento ilustrado nas argamassas atitudinais mais perduráveis do pensamento popular só foi possível em dois notórios projetos educativos argentinos: o de Sarmiento e o de Perón. Ambos parcialmente fracassados.

Voltemos, pois, à questão da doutrina, não como corpo de enunciados que codificam opiniões e tendências ideológicas, mas sim como norma de utilização da relação discurso-realidade. Nada diferente disso era a questão da doutrina para Perón. Em algum parágrafo do *Manual de conducción política*, que sempre impressionava sobremaneira, dizia algo assim como "doutrina é condução".

Se se entende bem o que isso quer dizer, é evidente que estamos diante de uma redução dos preceitos educativos das formas de ação, desde a "prédica" até as regras de organização dos significados. Em suma, dos porquês ao como. Assim, a condução aparece como a regra maior das linguagens, regra que diz como é possível articular, combinar ou utilizar todas elas.

Desse modo, a condução buscava permanentemente um "nervo escondido" das coisas opostas, nas quais seria possível encontrar sua homogeneidade. Esse nervo escondido era tratado com uma "revelação", que o operador da doutrina da condução desentranhava mais além do conflito visível que, por ser apenas de caráter “ideológico”, estava degradado e não sustentava verdades. Em outras palavras, a condução é parente pobre da “astúcia da razão”, metáfora muito usada sobre como combinar as paixões e o sentido da razão no historicismo ocidental.

O CORPO DE PERÓN

Mas não seria correto tampouco pensar que no peronismo só há dispositivos de combinações de linguagem já dados. Embora essa seja a essência da doutrina, por que o peronismo também aparece como uma pulsão permanente de sentido?

Na realidade, a causa do seu caráter condutor, a presença nele da história efetiva — da sociedade em luta — não podia mais ser vívida. Por isso, dizer peronismo, na Argentina, todos sabemos: *é dizer a presença da história numa linguagem*. O “corpo de Perón” é assim uma densa coleção de enunciados que se forma pelas sucessivas impregnações que fazem dele a história argentina contemporânea, como prática social efetiva.

As “histórias” que se incorporam ao “corpo de Perón” são dos mais diversos tipos, e tudo é amparado na essencial indefinição do *corpus* aglutinador. O fato de que não houvera uma decisão sobre qual era a própria eleição que o peronismo fazia em relação à sua presença em uma sequência histórica, nem sobre a relação entre a unidade nacional e o movimento peronista (tal como já vimos), é a perfeita contrapartida da sistemática incorporação do peronismo nos mais diversos afluentes ideológicos, biográficos, experimentais etc.

Perón quis escrever no seu "corpo" toda a sociedade argentina. O método da condução e a doutrina que acompanhava *ad-hoc* o levavam para isso. Deu resultado? Melhor seria dizer que era impossível constituir esse ideal de maneira abrangente. Ao dizer "nós os políticos", Perón tentou manter vigente esse ideal, inclusive o envernizando com velhas frases apocalípticas adequadas para a ocasião, tais como "consertamos isso juntos ou ninguém conserta", expulsar os *montoneros* tomando-os por "imberbes" e assinalar os do outro setor como "pigmeus"; todos estes casos eram acontecimentos de "Condução" que tinham agora um lugar desde esse "nós" não peronista que novamente restabelecia um certo paraninfo extra-histórico para a voz que atribuía o sentido, precisamente por não estar envolvida nos sentidos preexistentes. A impressão *a posteriori* que todos tivemos do último discurso das varandas, o 12 de junho de 1974, chamado o "dia da despedida", referia-se sem dúvida ao fato que era "a doutrina da condução" que tentava agonizantemente uma demonstração de efetividade, praticando exclusões que antes nunca se tinha permitido. A realidade (a "ideologia") havia surpreendido o velho leitor de Plutarco com as evidências da sociedade moderna dilacerada por conflitos de diversos tipos, obrigando-o a realizar atos que um Pai Eterno não teria em sua "bagagem": as excomunhões.

Essa questão levanta muito diretamente o tema do que significa hoje a identidade peronista; e uma das insatisfatórias respostas que surge com pressa é esta: é *doutrina* ("atualizada" ou não") e *condução* (repondo o atual "vazio" com diversos corpos colegiados, cada um deles empunhando diversas legitimações). Não é esse, entretanto, o mesmo sentido que preferimos usar para dizer o que hoje é "ser peronista". Pois as formas que o antecedem na realidade significam a recomposição da doutrina da condução sem o operador que dava sentido, ao "correr" ou "velar" diversos significados a serviço do diálogo com diversos sujeitos históricos que ele contemplava "de maneira isenta", para além do bem e do mal.

É mais fácil, mais adequado, e historicamente mais justo, dizer que *o peronismo é um encadeamento de memórias*, uma "cultura política" ou um povo de modelos que devem ser resgatados seletivamente do seu interior. Formas essas que diversos companheiros estiveram desenvolvendo nos últimos tempos para decifrar esses "enigmas para peronistas", que são, no final, os enigmas do país.

LAWRENCE DA ARÁBIA, UMA TRAGÉDIA INTELECTUAL

Este tema tem algo de ridículo e o nome Lawrence da Arábia soa cômico. O próprio destinatário protestou quando lhe atribuíram esse nome. O tema tem também uma alienação bastante demarcada. Qualquer um que se coloque a falar de Lawrence da Arábia, com esse nome e nestes dias, tem que declarar o esforço e os empréstimos obrigatórios que reivindica daqueles que são ou foram os proprietários do tema. Na Argentina, teve uma proprietária, Victoria Ocampo; digamos que ela foi uma grande proprietária do tema.

Ela editou, quase contemporaneamente com a edição inglesa, o livro *Os sete pilares da sabedoria* de Thomas Edward Lawrence. Era sua fã, sua propagandista fundamental, e em nome disso chegou a aceitar, ainda que relutantemente, os termos em que foi filmado *Os sete pilares da sabedoria* por David Lynch.

A primeira frase que Lawrence da Arábia me inspira é "bem longe e há muito tempo". Lawrence da Arábia é um assunto suscetível de ser designado com esses despojamentos no espaço e na memória. Essa é uma forma de localizar algo, no sentido de dizer que agora não nos pertence mais ou não fomos nós que escapamos dali.

Mas dizer "lá longe e há muito tempo" nos conduz a um delicadíssimo detalhe da interrelação entre as pessoas, uma das quais é, muito obviamente, William Henry Hudson, que mereceu os elogios de Lawrence quando viveu em Londres. Curiosamente, a organizadora do círculo literário da capital inglesa, Virginia Woolf, estimava Hudson como um escritor superior a Joyce, que nesse momento acabava de publicar *Ulysses*. Estranhos méritos, aos quais se pode acrescentar o artigo que Lawrence escreve no suplemento literário do Times. Com a leitura de *Bem longe e há muito tempo* [*Far Away and Long Ago*], Hudson recordava a Lawrence algo que ele havia feito na Arábia. Por isso, dizer "bem longe e há muito tempo" é dizer algo de Lawrence, é dizer algo da Argentina e é dizer algo dos desertos: nesse caso, uma luta contra os desertos na memória, ou uma luta nos desertos contra a memória.

O livro *Os setes pilares da sabedoria* de Lawrence da Arábia passou por diversas fases de autodestruição daquilo que poderia lhe servir como conteúdo. Teve vários conteúdos imaginários, e é um livro que antes de tudo é um título. Não há muitos livros que sejam, antes de tudo, títulos e que, ao mesmo tempo, gostemos de ler. A plasticidade do título, sua mutável e infinita abertura capaz de reter um repertório imenso de temas, tanto que seria muito esperto quem tiver a capacidade de enredá-los, faz deste livro algo semelhante a outro livro que também teve a mesma peculiaridade de ser pensado primeiro como título. É o caso de *Tristes trópicos*, de Lévi-Strauss, que também é o livro de um viajante, de um amante de exotismos, sendo o livro que nos leva para o deserto nas selvas, nos oceanos, na tragédia grega. É um livro que contém muitos livros e começa com uma frase memorável e graciosa que consiste no pequeno artifício de negar o que vai fazer. Diz: "Odeio as viagens e as explorações, e aqui estou escrevendo este livro". Um livro que trata sobre viagens e explorações. A disposição de Lawrence faz parte, então, de uma maneira suave de se apresentar: essa sutil aristocracia que consiste em afirmar que não importa o que é nem o que vai fazer. Ao final de sua desastrosa carreira — ainda que o livro dele se sub-intitule "um triunfo", como uma forma irônica de declarar sua intenção épica —, ele constrói uma casinha em umas colinas, e coloca frases, como todo mundo que tem uma casinha fora da cidade. Mas ele coloca uma frase muito antiga, que, talvez, não tenha autor e diga: "não importa". Esta é a aventura de alguém que dizia "não importa", de alguém ansioso, exultante e pródigo, onde o melhor que lhe ocorreu dizer, depois de tanto desperdício de subjetividade, foi "não importa".

Vamos ver o que fez esse homem em seu refinamento tão ostensivo, e — temos que reconhecer — em muitos casos, irritante, para dizer que não importava o que para tantos importava. Vale a pena agora falar da edição de *Os sete pilares*, visto que esse livro tem uma história fantástica. Faz parte de uma tentativa de escapar ao leitor, uma tentativa que faria parte do desespero de qualquer editor, de qualquer leitor, de qualquer autor. É um livro desesperador. Teria que ser um livro misterioso. Um jornalista o acusou de editar só 107 exemplares e ele não nega, disse: "Jamais direi a quantidade exata. Só posso confessar que os assinantes eram um pouco mais de 107". Edita uma quantidade reduzida de exemplares à maneira de um relicário, de um confessionário, de um diálogo com os companheiros de aventura. Mas por que tanto empenho da indústria editorial para tão pouco leitores? Em seguida, surge a negação. Era o revés: é muita coisa, é um diálogo confessional, íntimo, que se aproveitou de certas particularidades do mercado de livro. A edição norte-americana teve menos exemplares. Só foi editado para resguardar os direitos do autor e teve três ou quatro exemplares.

Esse homem irremediável tinha uma hipótese sobre a impressão que colocou à prova: voltar aos livros editados da maneira antiga. Os livros existiam, mas editado de um modo quase impossível que Lawrence jamais pode concretizar, que era usar tintas muito antigas obtidas das árvores do bosque ao redor de sua casa, e com os tipos móveis das velhas prensas de Gutenberg.

Os sete pilares da sabedoria surgem de uma frase bem conhecida da Bíblia: "A sabedoria vai construir uma casa, e essa casa tem sete pilares".

Estudante de arqueologia, Lawrence pensa em sete cidades: Cairo, Esmirna, Beirute, Constantinopla, Alepo Damasco e Medina. É um livro de viagens que ele quer escrever, e quando o faz, perde-o. Assim, *Os sete pilares da sabedoria* tem um primeiro conteúdo que se perde, e é um livro de viagem, de um explorador, de um escavador de ruínas, que tem servos rabínicos, e que, nessa altura — ele deve ter 22 anos —, é um estudante galês que viaja para o Eufrates ou para o Tigre, em pequenas expedições universitárias. Não é uma aventura extraordinária até agora. Esse livro de viagem que se perde nos apresenta o tema do livro perdido, o tema do livro que leva tempo em autodestruição antes de tomar sua forma final. À medida que os eventos bélicos se desenrolam contra os turcos durante a reta final da primeira guerra mundial ao longo da costa do Mar Vermelho, de Akaba a Damasco, Lawrence toma notas de guerra. Ele tem um pequeno diário, ao qual tentará ser fiel quando for escrever o livro. Ele também perde essas notas em um acidente de avião. Vários morrem, ele é salvo. Eu não vi muitas descrições de um acidente de avião. Em 1920, Lawrence também diz algo assim: "há pessoas se agarrando ao assento, esperando por aquele momento que você sabe o que será, aquele momento de sono infinito". Não há muitas pessoas descrevendo um acidente de avião; ele foi salvo, e uma nova versão do livro foi perdida. Depois ele escreve de novo, e ele se perde em uma estação ferroviária, um ano depois em Londres, mas não em um acidente ferroviário, como seria adequado nessa associação entre acidente mecânico e perda de páginas. Perde-se em uma mudança de trem, em uma combinação. A estação se chamava "*Reading*". Isso parece curioso. Ele volta a escrever de novo. É a terceira escritura que o livro tem, e ele próprio tem prazer em sua desgraça, porque toda desgraça, para um espírito calmo como ele, toda desgraça para a qual se pode dizer "não importa", é uma forma de temperança. Toda desgraça é educativa, é a pedagogia à qual uma alma tão delicada como selvagem pode aspirar. Essas perdas foram colocadas à prova de um livro que começava a ter título bíblico, e tinha passado por estações e catástrofes.

O livro tinha a missão de gerar uma área de comunhão, de ser a parte escrita da guerra, de uma pequena patrulha de iguais. Era um desejo que o tesouro perdido fosse preservado nas páginas do livro. O tesouro perdido era a guerra que os nobres fizeram no coração, e da qual outros queriam tirar vantagem, outros que não amavam o deserto.

Existem vários livros que atuam muito de perto para os leitores que somos nós. O *Facundo* é um daqueles livros que tem uma ideia bastante semelhante do deserto. *Os sertões* de Euclides da Cunha também tem uma ideia acerca do deserto como imensurável, com um poder muito grande de ensino sobre os homens.

O livro de Lawrence, adotado pelo grupo de Victoria Ocampo, é muito programático sobre a política argentina. É um livro com um programa militar, que é o de Victoria Ocampo, que também é o programa militar de Borges, e é também o programa de Liddell Hart, o estrategista inglês, a quem Borges cita muitas vezes, e que lhe oferece a estrutura militar do conto "O jardim dos caminhos que bifurcam".

Mas ele também tem a ideia do deserto como algo superior à vida intelectual. Em *Facundo* e *Os sertões* não há concepção dadivosa do deserto. No deserto, a forma de se perder, a forma de matar e habitar exige um uso específico de artifícios de conhecimento que não são intelectuais. Exige do homem uma consistência que a vida intelectual não lhe dá. Exige o despojamento do intelectual. Evidentemente, não é a maneira como o deserto aparece em *Facundo* ou em *Os sertões*, que são livros que postulam um Estado, que postulam uma vida intelectual e, com ele, postulam a origem de uma literatura nacional.

O estranho é que *Os sete pilares* foi adotado por um grupo que tinha grande consideração pelo tipo de ofensa que é feita ao deserto em um livro fundador como o Facundo. O livro de Lawrence faz o deserto aparecer como a resposta para a vida intelectual ocidental. A vida no deserto é boa. A justiça primária no deserto é boa.

Lawrence é um cavalheiro inglês que empunha o revólver e aponta no peito de alguns árabes para matá-los por justiça, porque antes esses árabes tinham matado outros do grupo. Quem faz justiça em um grupo armado? O capitão, o responsável. Ele tem que fazer justiça com suas próprias mãos. Como a justiça é feita no deserto? Rapidamente, sem tribunais, sem juízes, sem advogados. Simplesmente, o chefe do grupo coloca a arma no peito daquele que cometeu o crime, porque impera a lei da igual ofensa, da igual reparação, o que só faz com que se espere o sangue brotar do peito.

A justiça é feita sem vida intelectual. O deserto tem essa qualidade de rejeição benfeitora da vida intelectual. É uma natureza benigna que cria uma sociedade igualitária. Esse lugar que tem o deserto dificilmente poderia ser compatível com uma tradição literária que o grupo de Victoria Ocampo assumiria, mas me parece que o problema militar desse livro é mais interessante; postula um tipo de exército não napoleônico, não francês. São muito engraçados os diálogos de Lawrence, vestido de árabe, com o turbante e a túnica, ante coronéis franceses. Os ingleses deveriam tolerar alguns deles vestidos de forma exótica. Um espírito francês tolera menos um espírito ocidental bizarramente vestido. Lawrence zomba dos soldados franceses aliados da Inglaterra. O exército napoleônico tem uma visão de mundo, tem filosofia. Quando eles atiram, eles filosofam, demonstram proposições: Descartes contra Hume, um filósofo árabe contra um inglês. O disparo de um canhão é um ato filosófico "alemão" para os exércitos da tradição francesa. Lawrence diz: acreditam em um escritório em cujo sacerdócio um certo Marechal Foch foi usado. O exército inglês não tem filosofia, mas tem formas elementares de justiça; é um exército que o permite, e que admite o disfarce.

Em seu trabalho de formatura, o arqueólogo Lawrence faz uma tese de nome feliz, "A arquitetura dos castelos das cruzadas". É extremamente evocativo, é de alguém que deixa muitos esboços, muito fiéis, e os faz sem ter estudado arquitetura antes. Estuda todos os castelos deixados pelos cruzados para a Síria. Nesse estudo, a arquitetura e as artes militares estabelecem um diálogo permanente. Sem dúvida, poderíamos supor que hoje não deviam ter muita originalidade diante das tentativas de pensar a arquitetura e a filosofia como enredos comuns, no estilo da *Suma Teológica* e da arquitetura gótica, mas essas eram intuições precisas de um estudante inglês. Contudo, ter 20 anos e fazer o mesmo itinerário das Cruzadas é efetivamente o despertar de uma subjetividade através do interesse pela arquitetura.

O terreno da subjetividade, para o qual a arquitetura antiga o preparou, é para Lawrence um gosto pelo sofrimento; do gosto por tal sofrimento faz uma arquitetura do Eu. O gosto pelo abandono do Eu é equivalente às gloriosas e antigas forças, sem uso. Esse deixar de lado um assunto atual em nome de uma construção anterior é feito sem psicanálise, baseado em uma metafísica militar aventureira. Lawrence quer encontrar paredes antigas, que são sempre o resultado de uma permanência acima do sofrimento. E esse sofrimento sempre pode ser evocado diante das habitações que o arqueólogo visita. "Desejo que me deem ordens", diz Lawrence. Muito mais tarde, Sartre escreveu "odeio dar ordens". Lawrence diz a mesma coisa: "eu estou aqui, e sem comer nem beber comecei a dar ordens, e por que eu tenho que dar ordens?". O ato final da arqueologia é o ódio à ordem. No apêndice do livro, Lawrence nomeia todos os tambores: os tambores Talbot, a bateria Schmidt, a bateria Williams. Por que não deixá-los no anonimato? Uma luta tinha que ter esse excesso literário? No entanto, naquele momento em que certas estruturas da história são enfraquecidas, aparece o momento literário e a liberdade de um Lawrence que se dá o luxo de dizer, como um abolicionista do Eu: por que não fazer uma arqueologia com o grupo de artilheiros? Esse livro inteiro, que é de estratégia militar, também é um livro de estratégias abolicionistas sobre os interesses do Eu, e é um livro em que se declara que quer ser comandado: desejo ser comandado, meu lugar tem que ser insignificante, quero que me deem ordens. Esse eu é o frágil inverso de uma arquitetura forte. Estou cansado de livre arbítrio, estou cansado de montar camelos que produzem feridas em lugares muito desconfortáveis para o piloto iniciante. Também estou cansado de pilotar aviões. Estou cansado das feridas. O medo e o desejo de dor atravessam toda a vida de Lawrence. Como a dor é conhecimento, há um desejo de dor e há um gemido interno sobre a dor causada pelas feridas. Lawrence foi baleado várias vezes. O ferimento de bala é bem vindo, um soldado deve ser ferido, o ferimento não deve ser evitado, porque é reflexo, é refletido enquanto a cicatriz ocorre; é uma dialética: ferida-cicatriz. Lawrence temia que essa dialética da ferida lhe desse um sentimento de luxúria frente ao poder. Assim, seu reflexo é imediatamente direcionado da ferida ao medo de ser ferido, ao cansaço da ferida e ao desejo de conter uma filosofia casual. Cada reflexão filosófica é interrompida por uma batida de dedo na porta, um ajudante árabe, alguém que lhe diz que o trem está chegando, que ele tem que explodir a dinamite etc. Mas os momentos militares são parênteses da reflexão filosófica, ou ao contrário. A ideia de Lawrence é que um exército vencedor não parou para pensar em disciplina; é um exército de iguais, de andarilhos, de cavaleiros no deserto, que haviam abandonado a vida intelectual; tem um momento em que a luxúria aparece, onde a autoridade amanhece. Tem-se que se sentar em torno de uma mesa para ocupações tais como ter que decidir a ordem na cidade. É aí que um exército falha, diz ele. Não quis ver esse momento. Partiu muito rapidamente daquela conquistada Damasco. Sua situação militar era ambígua. Ele não comandou uma força militar absolutamente respeitável, mas lhe foi permitida a entrada em Damasco diante do exército australiano que veio atrás. Talvez o tenham deixado entrar mais cedo porque havia uma observância secreta dessa estranha simbologia que os árabes entraram primeiro. Os ingleses, que dizem ser cavalheiros, deixam os árabes entrarem primeiro.

Ele vai embora desse lugar; ele teme a luxúria, a autoridade, a embriaguez do poder. Isso o faz desejar que lhe ordenem, que lhe dêem ordens, assim como o leva a sentir aversão ao seu corpo. O corpo é um lugar desconfortável das pessoas, é a estranha cabana, obscuro. Mais uma vez podemos pensar que a arquitetura histórica é o lugar mais feliz de um Eu sem atividade atual, sem desejos ou biologia.

Mas o corpo, se atormentado, gera conhecimento. Sempre nos deixa com a sensação de que o reflexo está prestes a dizer algo muito sinistro ou muito brilhante, mas não consegue dizer nenhuma das duas coisas. Supor que no tormento há conhecimento nos coloca em uma situação desconfortável, porque nunca podemos acreditar plenamente em alguém que nos diz que o conhecimento está ligado à tortura ou à capacidade de sofrimento, e que, inclusive, diz isso em nome de criar relações igualitárias, liberadas e justiceiras. Há um pedido muito angustiado para abandonar a vida intelectual à qual fatalmente pertence. A aversão ao corpo é explicada pela ideia de que o corpo é um depósito ou uma arquitetura viva, um invólucro cuja carnalidade não é carregada sem sacrifícios, por uma subjetividade que se acredita estar cheia. Imediatamente isso leva ao que ele chama de fraude da identidade.

Também levará ao extremo a ideia de mudar de nome. No início parecia abominável ser chamado de Lawrence da Arábia. Mas ele achou todos os nomes terríveis, chamando-se de qualquer forma era odioso. E isso é um detalhe delicado de um espírito muito vantajoso. Não é conveniente passar muito tempo a se espantar com o próprio nome, mas ele tinha uma angústia de arqueólogo que o levou a pensar sobre as dificuldades do Eu ocidental. Se alguém pensa nas dificuldades do Eu ocidental, com mais razão ele pode pensar nas dificuldades de seu Eu individual; ou poderíamos dizer que as dúvidas de um particular não se desprendem das dúvidas de um universal? Mas ele duvidava de todas as formas de identidade. Ele pensou que eram fraudulentas e isso lhe permitiu o disfarce. A forma mais assustadora do disfarce é talvez a mais eficaz, que é disfarçar um nome original.

Quando ele retorna da aventura árabe, pensa em mudar também de ocupação, de ramo militar, e mudar seu nome. Ele se une a outra área militar, a Força Aérea. Conserva seu primeiro nome, mas o sobrenome é "Ross". Evidentemente, ele não era mais um desconhecido, ele era um aventureiro que havia cimentado o prestígio militar do império inglês em uma área muito remota, e, além disso, ele havia se dado ao luxo que todo grande império tem para si — mais do que um luxo, uma luxúria —, que é mostrar que o gosto pelo exotismo é a verdadeira carne de sua identidade. Então, ninguém olhou de forma demasiado inconveniente para as roupas de Lawrence. O rei George V, Churchill — que era um lawrenciano — e a opinião pública inglesa se dividiam entre aqueles que o consideravam um farsante, especialmente os socialistas, que fizeram manifestações queimando sua efígie, e o oficialismo, como Churchill, que também era escritor e disse que Lawrence foi o primeiro escritor de língua inglesa. Isso também foi dito por Bernard Shaw, que havia aceitado Lawrence como uma espécie de filho literário. Os grupos fascistas ingleses fazem uma tentativa de adotá-lo, ao mesmo tempo em que os socialistas fazem dele um personagem bestial e absurdo. Não sabemos nada sobre a simpatia de Lawrence pelo fascismo. Ele morreu em 1933 por andar muito rápido de moto. Foi uma morte procurada, se há uma quc pode nao ser.

Na Força Aérea, seu interesse pela tecnologia, que não escapa aos grupos fascistas dos anos trinta, é combinado com um interesse pelo céu, pelo ar, e em última instância pelo cosmos, que é uma espécie de deserto. Mas ele não voará na Força Aérea. Ele arranja com o ministro da filial para mudar seu nome para que ele não seja perturbado e, em seguida, surge a possibilidade de ser um soldado raso da RAF. Suas aventuras na RAF estão em um livro de grande interesse, intitulado *El Troquel*. Trata-se ali das relações entre um intelectual que obtém sua fonte de prazer na violação da vida intelectual, e os homens mais ásperos da Inglaterra; eles seriam uma espécie de *hooligans*, homens muito selvagens, "árabes ingleses", que são os soldados esfarrapados da RAF, cheios de gordura, que vivem dentro de macacões que nunca tiram, como as roupas árabes que ele usava por dias e dias, manchadas de sangue e lama do deserto, em hangares que são como catedrais, motores de parafuso, pensando em aviões, fazendo piadas, tornando-se bárbaros, permanentemente degradando-se.

O aristocrático Lawrence, abolicionista do Eu, gostou disso. Só tinha a ideia de ler um livro de vez em quando. Vivia escondendo dois ou três livros que tinha. Tinha uma pequena estante na sala comum, no quarteirão, onde havia alguns livros, o que chamou a atenção. Foi o último obstáculo que ele teve que superar para ser mais um, mais um mecânico da RAF na enorme felicidade de não pensar mais em si mesmo, e de ajustar parafusos para que os oficiais voassem. Por que oficiais e suboficiais sugeriram uma lógica estamental da vida intelectual contra a vida dos instintos e a organização imediata das coisas? Porque o oficial faz coisas com um plano.

O mundo oficial é de mapas, de cartografias, de arqueologia, de conhecer o Sinai mais do que os próprios árabes. Ele conhece os oásis, todas as rotas, conhece-as teoricamente. Assim, o mundo do oficial é o da ordem, o da linha ou da descida da linha, da cadeia de comando. O suboficial faz o mesmo que o oficial, só que ele não sabe por quê. A ausência de fins e planos do suboficial é o que ele estava procurando, e ele encontra-o entre os suboficiais e os soldados da RAF. Ele, que liderou um exército de árabes, está ligado a um lugar abjeto, onde não há ordens, onde ninguém dá ordens, mas as recebe, e a única missão é executar ordens descontroladamente, e zombar colocando apelidos nos oficiais.

Algo ruim foi farejado pelos políticos nessa aberrante e estranha vida de um homem ao qual tinha sido dado o posto de coronel e que tinha rejeitado, mas que depois pensou melhor e aceitou por apenas alguns meses para comprar uma passagem de trem pela metade do preço, que era uma possibilidade que os coronéis do exército inglês tinham. Enquanto viaja para Tarento, Itália, o posto de coronel é chamado de "meu diploma de Tarento".

Evidentemente era um indivíduo irritante e angelical, e sempre tem que se perguntar: o que fazemos com alguém assim? Quando um jornalista descobre, cria-se um problema que até força a demissão do ministro da Aviação. Ele insistirá e vai se chamar "soldado Shaw", comprometendo assim seu patrocinador literário, Bernard Shaw, e se mete em um regimento de tanques. Inclusive, compromete a Churchill para protegê-lo nessa nova aventura no regimento de tanques, na qual ele fica muito entediado: ele gostava mesmo era da aviação, de aeronáutica, de castelos no ar. A oportunidade de voltar à aeronáutica é quando ele presencia um acidente aéreo, onde o piloto de um hidroavião deixa seu lugar para um comandante aéreo com um grau mais alto, mas que não sabia como lidar com hidroaviões. O avião cai e Lawrence imediatamente pega um barco para o resgate. Descobre que o barco não chegou rápido o suficiente. A partir daí, recupera sua identidade apenas para lutar na imprensa para mudar as regras da aviação, e para desenvolver uma lancha militar rápida.

Digo isso para que seja vista toda a exibição das cenas que Lawrence tem do ponto de vista militar, do ponto de vista de seus combates, de suas abominações bárbaras da identidade.

Suas reflexões sobre fraude de identidade têm uma ressonância política, pois ele sente que está enganando os árabes, dado que os ingleses não lhes dizem a verdade. Nesse ponto, é claro que ele tem certeza de que os ingleses não respeitarão as áreas recuperadas pelos árabes após a campanha militar, coisa que efetivamente os ingleses e franceses fazem.

Por que intervir na história dessa maneira lateral? A história tem essas porosidades que sempre admitem uma túnica a mais, a inocência de uma bela alma alienada em um mundo de amos? Se uma bela alma tem a característica de cuidar do não maculamento de sua subjetividade, ela consegue ser uma bela alma e manchada; é isso que consegue com essa modesta refutação de uma filosofia bem conhecida [: a de Hegel]. Consegue ter uma bela alma, consegue a inocência, e a sujeira permanente de estar nas histórias mais espúrias.

Vamos ver algumas possibilidades dessas histórias espúrias. Lawrence recebe muitas recompensas após essas batalhas e rejeita todas elas. Há uma ética em rejeitar a recompensa, a negatividade da recompensa.

No prólogo de *Os sete pilares da sabedoria*, que foi omitido nas primeiras edições, faz uma reflexão interessante sobre o destino dos jovens guerreiros que têm como recompensa que "os políticos" vêm mais tarde para assumir o controle da situação que eles abriram. Essa ideia de abrir formas da história, fronteiras, situações, de criar liberdades, aquele momento de felicidade, de despojamento intelectual, aquele momento de sujeira e feridas, é uma ideia cética: então as instituições virão para cuidar disso. É um pensamento que percorre toda a ética de Lawrence, e que faz com que o mecânico da RAF, que tem 500 palavras básicas de inglês e mais nada, e que o árabe, que é um individualista do deserto, e que não gosta de instituições — como ele diz — sejam seus personagens favoritos. Eles são condenados à liberdade, ao passo que, às instituições, nós a amamos ou odiamos. Elas nos constrangem, e acabamos amando-as. Como ele é evidentemente um anarquista do deserto, ele acha que há uma fatalidade em todas as lutas dos jovens: "Éramos felizes quando éramos jovens e cruzamos o Tigre", o que poderia ser uma frase de Joseph Conrad. Essa felicidade termina quando os políticos começam a chegar. Uma mensagem antipolítica, uma épica, uma glória que não deseja ser neutralizada pelas instituições.

Lawrence acredita que poderia escrever um livro porque ele tinha uma pluma fácil, discurso despojado e habilidade mental. De alguma forma, ele está preso no que ele quer negar, e é nessa singularidade que se entende sua biografia. Escreve esse livro, porque só ele poderia fazê-lo; mas se ele escreve esse livro, não é este um livro que nunca poderia exibir nas prateleiras de um barracão onde trabalharam aqueles rudes mecânicos da RAF? Então, escreve o livro de tal forma que não se nota que a pluma é tão fácil, que a inteligência é tão afiada, que o enredo que se desdobra é tão sugestivo; escreve de tal forma que a história com uma letra maiúscula nunca está presente, e ele diz: vou escrevê-la de uma maneira que ninguém pode dizer que a grande história é isso; isso não é a grande história da Arábia, das lutas de guerra. Pelo contrário, diz algo que aqueles que estavam lá não vão achar familiar, e diz algo muito mais eterno e muito mais delicioso para entender como uma sociedade é fundada. De modo que só vou escrever banalidades iluminadas, coisas que não interessam a ninguém, episódios paralelos; enfim, vou ser o mais desajeitado possível para escrever esse livro produto de uma grande pluma. Essa é uma situação sem saída, que permite que Churchill e Shaw digam que esse é o livro da nação inglesa.

Sobre esse personagem, outros personagens falaram, e desenvolveram algumas incursões teóricas de interesse. Hannah Arendt leu Lawrence com grande sutileza, tira bom proveito de sua biografia em relação às políticas do imperialismo: Kipling, Lawrence, Conrad são os grandes escritores do imperialismo. Como ocorre a expansão do imperialismo? Com homens inocentes que amam o jogo, tal como o personagem de Kipling, que acham a política e os emaranhados de gabinete irritantes. Hannah Arendt percebe que Lawrence é um homem bom e puro, e que nunca um serviço secreto na época da expansão imperial foi servido por um homem tão puro, tão limpo e decente como Lawrence. Com inocentes que produzem algo ruim, as instituições se tornam góticas.

O tema da aventura é tomado por Sartre, e não para condenar Lawrence. O destino do aventureiro é o daquele que usa a história como pretexto, coisa que o militante nunca faz. No entanto, o aventureiro é desconfortável, porque não fala como o militante, porque o militante sente uma desculpa sutil do aventureiro, que é ele quem deixa a história obliquamente iluminar o que faz. Quem é o aventureiro? Ele é um personagem insuportável, cheio de má fé, aquele que mente sem saber. Ele quer o fracasso que rejeita, diz Sartre, que pensa em Lawrence, defendendo o aventureiro e rejeitando a vitória que deseja.

Lawrence tinha um capricho sublime, ou uma iluminação profana de ser tão insuportável que fundou a literatura inglesa para alguns, mas ele não queria ser lido. Ele adquiriu as melhores honras militares e as usou para obter bilhetes de trem mais baratos. Ele pertencia ao mundo oficial e gostava de suboficiais, de modo que, em toda essa arquitetura militar, vemos uma subjetividade tortuosa, que gozava com a indiferença ou a auto-abominação, ou com o castigo, ou com matar alguém por um ato de justiça plena.

Parece-me que a única maneira em que agora é válido o interesse em falar sobre Lawrence da Arábia — um conceito que agora pertence fatalmente à indústria cultural — é que nos aproxima da tragédia de um intelectual contemporâneo. Esse é o único título que eu respeitosamente gostaria que permanecesse, como sendo o rosário de autoacusações do qual um intelectual é capaz, no qual talvez ele encontre a justificativa máxima de sua vida, em um lugar onde acredita que descobre essa antípoda selvagem: o deserto, do qual se apropria, no qual declara conhecer o curso d'água por curso d'água, onde ocasionalmente explodirá uma via férrea, na terrível fantasia de seu frágil corpo.

A SOCIOLOGIA ENTRE LÚCIFER E OS SUICIDAS

Conhecíamos o império de uma palavra que escorregou há um século do gabinete secreto da filosofia para o arraial dramático da política. Sem dúvida, cada palavra é um império. Mas essa palavra — *sociologia* — havia sido constituída sem saber se algum objeto real a reivindicava ou se era condenada a ser uma ciência imprudente que só podia fingir a elegância da ideologia. Na verdade, a palavra não fez nada além de anunciar repetidamente a relação inviável com o próprio objeto que havia definido. Nessas condições, o império sociológico poderia ser mantido, mas ao custo de tornar real, mais uma vez, a ideia de que todo o reinado é infrutífero e banal. Em cada ocasião em que a palavra era falada, a mesma coisa que veio a aspirar como realidade era apresentada como evidência — também real — de um desaparecimento de seus componentes e efeitos. Nos mesmos escritos que hoje são chamados de fundadores, nascia ao mesmo tempo um sentimento obscuro, nunca sufocado. O plano mestre da sociologia para consagrar o mundo moderno como um horizonte claro e essencial não garantiu conhecê-lo, mas também não os impediu de vagar, sob formas culturalmente surpreendentes, todos os enigmas da vida. O drama futuro desse conhecimento que se queria ciência dependeria da mudança de ênfase com que foi tentada, seja para completar a promessa evasiva da modernidade, ou para se abandonar ao desafio colocado por essas formas culturais amorfas, irreprimíveis e sem nome.

Desse modo, cruzaram-se, com seus impulsos contrapostos, os preparativos para entender tanto a retirada de valores da vida pública quanto "a busca da salvação da alma, não pelo caminho da política". Apelando para um debate com as teologias, seja como motivo de estudo, de superação ou de repúdio, eles deixaram igualmente um traço profundo em sua linguagem. A sociologia considerou com Durkheim o inusitado dever de nomear a ocorrência de um chocante *chamado*, e com Weber a possibilidade de examinar a ideia milenar de um *pacto* com forças diabólicas. Assim, a sociologia só poderia ser o objeto impossível de sua própria promessa de secularização, e nessa aplicação dirigida a si mesma, o que poderia ser seu conceito mestre — a criação de um mundo profano livre do estremecimento da "noite polar" — estava esgotado em um cata-vento onde o melhor que tinha era o imbróglio autista desse combate. Uma luta que parecia ser com o mundo e era realmente consigo mesma. A sociologia só estava interessada por seu avesso.

Como interpretar hoje o avesso do que Durkheim, filho de um rabino alsaciano, deixa escrito em *O suicídio*? Em pouco tempo, esse livro que nos fala sobre almas desconhecidas, de suicídios implausíveis da Saxônia ou da Prússia no "período de 1854 a 1878", terá cem anos. Aí nos é dito que os eventos privados são um "eco do estado moral da sociedade", sendo a "constituição moral da sociedade aquela que corrige em todos os momentos o contingente de mortos voluntários". E, ainda mais, que "existe em cada povo uma certa energia que leva os homens a se matarem". As estatísticas tornaram-se categorias vivas de pensamento, moldes vitais que destilavam reivindicações, órgãos reflexivos que, no mistério de suas decisões anônimas e tendenciais, distribuíram a opinião sobre-humana sobre aqueles que morreriam. Tarefa para deuses abstratos, numéricos, conhecedores místicos da energia de cada coletividade, deuses que fixariam, como na distribuição platônica das almas, o destino de cada batalhão de humanos presos por uma cota de sacrifícios a serem saciados, seja o excesso altruísta ou a pobreza da anomia.

Essa *sociedade*, que Durkheim havia elevado à categoria de energia produtora de "ecos morais", não fazia nada além de encobrir uma realidade espiritual que estava no plano onde atuavam as evidências místicas das "tendências coletivas". Apresentava-se essa trama moral — a ética que pouco tempo depois Gramsci chamaria de "vontade coletiva" — como se fosse um debate contra o preceito premente da herança, a tal ponto que Durkheim se pergunta se cada suicídio não teria, "por assim dizer", um *iniciador e mestre* em cada uma das *vítimas do ano anterior*. Essa consideração é inquietante, e nunca mais seria apresentada dessa forma sob a rubrica da sociologia do século, nem mesmo nas miniaturas reflexivas de Simmel sobre a "liberdade íntima". Simmel considerava, por exemplo, que, no caso de Goethe, o forjar sagrado dessa intimidade estava esplendidamente relacionado ao cumprimento disciplinado das convenções do mundo. E ali se detinha Simmel, interessado em explorar a tragédia da cultura como um dualismo entre a alma subjetiva e os produtos espirituais objetivos. Com seus estudos, como sobre o *coquetismo*, onde o furtivo e o segredo introduziram uma entonação artística trêmula no eu, Simmel conseguiu escapar do "fato social". Seus enigmas o levariam a uma crítica à "autonomia desastrosa" com a qual os produtos culturais da tecnologia foram impostos à "radicalidade da própria vida".

Os emblemas que Simmel atribuiu a uma objetividade contestável retomavam à sua maneira os anátemas marxistas contra o fetichismo social, que pareciam, assim, encurralar a nova sociologia de Durkheim na sólida prisão alsaciana da teoria da "origem social das categorias de conhecimento". Mas, no nosso modo de ver, as coisas não acontecem tão simplesmente. Ao Durkheim descartar que "cada suicida deveria ter recebido a tendência de um de seus antecessores e todo suicídio deveria ser um eco do suicídio anterior", vê-se envolvido em uma discussão extraordinária consigo mesmo. Por que se tomaria o árduo trabalho de rechaçar algo que qualquer temperamento desapaixonado, por pouco treinado que estivesse nos alcances da "ciência social", deveria apartar com serena e sábia displicência? Não nascia já de antemão *refutado* esse diálogo geracional entre suicídios, essa expressão estatística e verdadeiramente profética que formou um "discipulado" sem precedentes entre os suicídios? Para Durkheim não era assim, porque uma rejeição apressada ou imprudente da cadeia de heranças que atemporalmente uniu os suicídios teria impedido que colocasse, naquele mesmo lugar onde esses ecos recorrentes ocorreram, o que realmente lhe interessava fundar. *Um conceito de sociedade como mestra e iniciadora da consciência moral particular*. Então, o que está no lugar dessa cadeia de *ecos suicidas* é a "sociedade", mas ela parecerá ser uma força tão real quanto — assim o diz — as "forças cósmicas". Sendo prudente, no entanto, Durkheim esclarece que exemplificou com as forças cósmicas, mas aquelas que realmente lhe interessam, as forças sociais, são "de outra natureza". Mas que outra natureza? Quando essa "natureza" for definida como uma força moral, como um *ethos*, ocupará exatamente o lugar desse misterioso eco que proporcionaria *cada mestre suicida ao seu herdeiro*. Cósmica, então, mas de uma maneira diferente. Esse *outro modo* não deixou de ser, também, o tributo que a ideia secularizada da sociedade desembolsou diante do halo oculto de sua ressonância mística. Basta mergulhar no nome das "estatísticas morais" que Durkheim dá a essas teorias em êxtase, para nos aproximar das implicações abismais dessa sociologia que nasceu com chiado científico nos significados de sua palavra, mas que tem a vocação de um humanismo cósmico no drama não resolvido de seus temas.

Se a *sociedade* reivindicou em Durkheim seus suicidas, como um adubo necessário para oferecer ao Demiurgo Estatístico, em Artaud essas mesmas questões não serão apresentadas de forma muito diferente. Em *O suicidado pela sociedade*, Artaud escreve que "a sociedade introduziu-se no corpo de Van Gogh", como uma forma de castigo empregado contra todos aqueles que descobrem sua excepcionalidade, sua condição de iluminado da "honra humana". A sociedade se internaliza, assim, na alma do artista excepcionalmente lúcido, para exercer o crime social por excelência. Para Van Gogh, a sociedade, "tomando seu lugar, matou-o."

O tema tem o golpe severo de tudo o que com Durkheim a sociologia tinha considerado a seu favor. De alguma forma, tivemos que esperar até Artaud para investir radicalmente em Durkheim, mas preservando todos os seus problemas. Que a sociedade mata interferindo na interioridade dos sujeitos parecia ser um achado "científico" que a língua durkheimiana comentava, no entanto, com um estranho apego às considerações transcendentalistas. Artaud chegou a dizer que era verdade, só que era abominável. Que não era uma comprovação para colocar na prateleira das descobertas de uma ciência, mas entre os sacrifícios injustos que o "timbre supra-humano" devia fazer quando a sociedade, aquela "magia cívica", decidia cometer um erro chamando a genialidade de delírio.

Durkheim foi submetido a essa "inversão" que o virou de cabeça para baixo. Não se desmerecia por ele a força daquela sociologia, mas ia ser chamada, no grito de Artaud, de assassina. Com Max Weber, algo semelhante aconteceria, mas ele mesmo encontraria sua própria dialética criptografada na descoberta do sinal diabólico do mundo político, que é "governado por demônios".

Thomas Mann escreveu em 1947 seu romance *Doutor Fausto*. Não é difícil ver ali a transcrição ao problema da arte de tudo que Weber tinha percebido para o problema da política. "*A arte está em um ponto morto, e por ter se tornado muito rude, zomba de si mesma, e a pobre criatura de Deus não sabe mais a qual santo confiar-se no meio de sua angústia, e sem dúvida isso é culpa da época. Mas se alguém convida o diabo a ser seu hóspede, para sair dessa estagnação e chegar a prosperar, ele vende sua alma e assume no pescoço o fardo do pecado da época, e desse modo é condenado...*". A época, "desencantada", aparece no *Doutor Fausto* como um bando de culpados e um acúmulo de chamados tormentosos. Não é impossível observar aqui o mesmo impulso — servido, é claro, por soluções artísticas muito diferentes — que levou Artaud a ver na sociedade uma maquinação assassina contra a excepcionalidade do gênio que, para ser assim, não desejava ser *possuído* por ela.

Essa questão já faz parte da indústria editorial das teses universitárias, mas é preciso considerar novamente aqui o que Artaud chamou de "sociedade absolvida, consagrada, santificada e possuída". Sacudia assim o tema dos exercícios de pacto com um *Mefistófeles* que não viria a ser outro que o todo social. O possuído, o possesso, era a disposição artística do indivíduo original confiscada pela intrusão social. A sociedade *possuída* significava o indivíduo sacrificado; portanto, o uso do mesmo conceito da tradição demonológica escrita por Weber — que aponta para a matéria-prima com a qual o homem político deve lidar resignadamente — é invocado por Antonin Artaud para condenar o império do social.

Podemos inferir, então, que o que T. Mann chama de "o pecado da época" é nada mais do que a incorporação ao indivíduo do princípio da ação social, cujas dimensões simbólicas tomam a precaução de um pacto, um pacto de valores que podem adquirir a forma literária clássica de um pacto com o diabo. Isso torna cada ação um ponto imprevisível em uma trama ética infinita que, por sua vez, a modifica e cujo significado se torna, finalmente, indiscernível. Esse destino embaçado do que em Weber aparece sob a impressionante denominação de "racionalidade de acordo com os fins" nos traz menos ao campo também weberiano-teológico da *graça* do que ao tema, evidentemente hegeliano-adorniano, da *culpa*. "Culpa da época", Mann faz dizer a seu personagem Adrian Leverkühn, para alertar sobre o pacto artístico com o diabo. Adorno, em sua monumental *Teoria Estética*, coloca as coisas sob uma perspectiva radical. Enquanto a ideia do social for necessariamente conciliadora, e isso supõe tanto a culpa do social quanto a culpa da obra de arte por não ter senão uma pobre relação objetiva com as catástrofes da época, a tentativa de *apagar essa culpa* faz de toda ação um ponto de partida baseado na promessa de uma *raridade* poderosa, a que talvez, por concessões da leitura atual, poderíamos chamar *paradoxo*. A raridade é que toda obra de arte — no final, cada ação — deve começar por ser culpada *a priori* e fazer dessa culpa um diálogo interno entre seu desejo social de reconciliação e o enigma *associal* que a leva a "resistir à dominação onipotente da totalidade social". A sociologia do século nunca soube como alcançar a incorporação consciente desse problema, o qual apresentava, sem Adorno, *sub specie sociológica*.

Quando Marx declarou que seu projeto geral consistia em reverter, colocar Hegel de cabeça pra baixo, inclusive sob a relativização que indicava com o conceito de "coquetear" — a mesma coisa à qual Simmel mais tarde prestará tanta atenção —, tratava-se de dialogar criticamente com a filosofia da época, apresentando-a com a urgência de um "devir mundo" que não a abandonasse no sufocamento por superá-la. Em vão se poderia buscar em Marx outra visão diferente da superação filosófica da filosofia — que abria a filosofia para o mundo político e para existências concretas sem transformá-la em "sociologia" —; e é, sem dúvida, por causa disso que o apetite althusseriano dos anos 1960 para se separar do "Marx hegeliano" não beneficiou a acumulação de problemas, veredictos, brigas, línguas, valores e metáforas teóricas daquilo que seria chamado posteriormente de campo do marxismo, e isso tampouco favorecia uma apreciação mais justificável da verdadeira inspiração dos escritos de Althusser.

O método de inversão, com o qual se vinculam teorias na área da crítica, dívida, autoridade e influência, era um poderoso aparelho conceitual para dar operabilidade mundana aos horizontes filosóficos, mas não para desnutrí-los. A sociologia nasce justamente *a partir* dessa confusão. Nasceu, assim, sustentada sobre a crença de que já se havia realizado o *transtorno* que permitia a passagem da filosofia do sujeito ao sujeito histórico que faz de seu conhecer um ato social. Durkheim foi muito claro ao afirmar que todos os dilemas da filosofia do sujeito legados por Kant — apriorismos ou empirismos? — resolviam-se logo que se utilizasse a tese da "origem coletiva das categorias do conhecimento".

Não é com um sentido diferente do que prevaleceu em seus anos de fundação, que a sociologia que persiste um século depois continua comprometida não tanto em apresentar uma versão irresponsável da tese XI — a abjuração da filosofia — como em deslocar a voz filosófica para a rede social que a explicaria e desvaneceria em suas estratificações mais íntimas. Entusiasta oficial de tais experimentos, Pierre Bourdieu já vinha submetendo os escritos de Heidegger à crítica do "campo de poder" gerado por "capitais simbólicos". Não há um único dos efeitos aparentemente mais específicos da linguagem heideggeriana, disse ele, que não represente uma legitimação das viradas e tiques profissionais que permitem que os *Kathedrenpropheten* (um conceito cunhado por Weber) produzam a ilusão carismática do saber. Eis aqui como uma rápida sociologia weberiana do saber se volta contra os "mandarinatos filosóficos", julgados desde o mundo social que expressa o "letrado". Para esse "juízo do gosto" será necessário, em primeiro lugar, provocar a revelação do "habitus" social que a filosofia pura insiste em "sublimar". Com Kant, Bourdieu prosseguirá da mesma forma, embora sem o tom de combate que — controvérsias conhecidas no meio — lhe inspira Heidegger. Em *A filosofia e seus pobres*, Jacques Rancière comentou sobre esses atributos do que ele chamou de "o sociólogo-rei". Bourdieu mostrará que o gosto é um, ali onde Kant o percebe dividido, e que se divide em dois, ali onde Kant o vê comum a todos. Para Bourdieu é um mesmo gosto que julga tanto as obras de arte quanto o vinho das Ilhas Canárias; mas, por outro lado, não há *universalidade* do gosto, como dizia Kant. Há "gostos de liberdade" e "gostos de necessidade", de acordo com os slogans sociais que produzem e reproduzem "distinção". Um Kant anti-histórico, então, um Kant preso pela ideia de gosto esvaziado em uma universalidade formal, é submetido à crítica da sociologia de "estratégias simbólicas de classe". Ouvimos aqui o eco, se não dos suicidas de Durkheim, pelo menos do impulso durkheimiano que traçou o destino de obras biográficas e singularidades literárias dentro do quadro bem temperado do "campo metafórico do poder".

Não é por esporte vão que mencionamos essas "desmistificações" duvidosas — que em nada desmerecem a sagacidade intelectual que, a propósito de tantas questões da atualidade, Bourdieu demonstra ser —, mas sim para tentar com a pressa do caso uma sondagem através das trilhas estreitas do saber sociológico do século. Max Weber, o filho da burguesia calvinista bismarckiana, ainda não havia produzido esses efeitos sociológicos de "inversão" no material viscoso da cultura. Viscosidade nietzschiana, adesões fáusticas, afinidades dos dostovieskianos, Weber apresentou sua sociologia como uma filosofia dos valores dedicada a uma investigação sobre a ética do sacrifício, a vocação e a evasão mística. Já insinuamos, e não apenas para a galáxia weberiana, mas também para via régia durkheimiana, que havia em suas obras a alça interna que as transformava em insuspeitas e invictas filosofias as quais ao mesmo tempo se queriam renegar. Essas filosofias reapareceram sob o impulso do "chamado" que deu aquela nomeação aterrorizante para os suicidas de cada geração, ou sob o aviso do que estava implicado pelos mundos fascinantes da revolução política, sobre os quais voava o arrebatado Lúcifer. De alguma forma incompatível com o que a sociologia do século desejava ser, essas obras reproduziram uma remota e não sufocada voz filosófica, que ainda era ouvida nas tremendas frases que mais tarde foram pronunciadas em algum momento desse titubeante período histórico, como "a linguagem só poderia nascer de golpe" ou "o homem é uma invenção moderna". Frases desesperadas, uma de um Lévi-Strauss desconfortável, a outra de um Foucault cansado, que expressam o problema ao qual a sociologia nunca chega, que parece tão brilhante quanto não resolvido, e que, quando apropriado, torna-o *citável, charmoso, curriculável* e, em última instância, *descartável,* ou por que não, *estragável...*

De fato, para a sociologia que culmina seu périplo secular como a *doxa* dos meios de comunicação, como a filosofia dos não filósofos e como a metodologia política para o administrador modernizador do conflito, pode-se abrir o poço indivisível do qual surgirão suas ignoradas protoformas filosóficas. Para prosperar, teve que ordenar uma *agenda* — como geralmente se diz — de exclusões e exilados, como a que, na Argentina, foi realizada pela "segunda fundação sociológica" operada por Gino Germani juntamente com Martínez Estrada e outros. Na "primeira fundação", não havia se comportado da mesma forma Ingenieros junto com Ramos Mejía e outros, possibilitando que o aprazível cientista não dissipasse a atmosfera de compromisso com a rentável quimera filosófica, linguística e ética-histórica. Longe de tratar agora de ignorar aqueles que, por sua vez, ignoraram — há um sopro de interesse trágico no último Germani —, estamos diante da rica possibilidade que evoca essa terra devastada, no teórico, no filosófico e no poético-literário. A possibilidade de modificar ou repensar o destino sociológico — quase um século após a palavra se espalhar — não implica dissolver nada, mas dar novas bases à sua palavra que fala de uma desordem e de um transtorno do mundo. Dissemos devastada. A desolação teve palavras antigas que passaram por um longo período na companhia da *sociologia* — dama insípida. A palavra socialismo, uma delas, a mais próxima por parentesco, também está esperando por nós — porque espera, também, ser repensada —, e não será surpreendente que nessa espera chegue a ser útil um pensamento sobre o secretamente endiabrado que contém os clássicos que ainda lemos.

ANTROPOFAGIA E MODERNISMO NO BRASIL: UMA VISITA AO MUSEU DA LÍNGUA

Ainda vale a pena deter-se nos manifestos de Oswald de Andrade, publicados na década de 1920 no Brasil, muito conhecidos por diferentes gerações de leitores e nunca totalmente abandonados pelo programa de preocupações do bom vanguardista. Nós não somos tal, mas também nunca terminamos de ler bem o que esses escritos significam: o de 1923, *Manifesto da poesia Pau-Brasil*; e o de 1928, *Manifesto antropófago*. Na verdade, pouco se lê agora do resto da obra de Oswald; chamamos ele assim, sem tentar com isso nenhuma prova de confiança, porque estamos alertados pelo elegante aborrecimento que certa vez sentiu Antonio Candido quando notou que as novas gerações entravam em uma relação calorosa com quem já era um grande personagem de lenda, ignorando as notas concretas de uma vida que seus amigos e contemporâneos guardavam como um retrato fiel do herói, excluindo usos vicários.[1]

1 Mas vou praticar também o uso vicário que Antonio Candido, o célebre crítico da literatura brasileira, mestre da crítica, clamava por não empreender. É uma maneira, talvez, de sentir o peso dos nomes, quando somos infiéis às verdadeiras notas de nossa própria experiência.

Mas uma lenda, deve ter compreendido Candido, é sempre obrigada a passar por cima dos detalhes reais que cobrem as ações de um homem. Queremos suscitar outra vez o problema ou sentir sua força: "Oswald". A escrita dessas duas peças oswaldianas adquire assim, de forma efetivamente irritada, uma familiaridade rara.

Em primeiro lugar, a escrita de ambos os manifestos se atém a uma forma radical do slogan panfletário e ao balbucio que busca se tornar axiomático. O que Oswald escreve é um libelo jogado em praça pública antes de sair correndo. Parece a gagueira de uma metralhadora ou a ação frenética de um teletipo; hoje, poderíamos compará-lo à escrita que um celular suporta nas chamadas "mensagens de texto". No entanto, ele não usa síncopes preguiçosas, mas estilizadas a partir de uma linguagem de pauta comercial ou gerencial — que ele, sem dúvida, está parodiando — ou da memória das notas escolares, tomadas aqui em seu acorde sinóptico revolucionário, verdadeiros estilos envenenados contra a tagarelagem dos professores. A ladainha como oração dos blasfemos é o que apresenta como escrita de consignação o *Manifesto Pau-Brasil*. Pode ser também uma ajuda à memória, que mal esconde seu propósito completamente lírico. No entanto, o ataque à linguagem doutoral e a defesa da barbárie são recursos que levam a interpretação da história brasileira ao que hoje é uma verdadeira obviedade, e seria necessário ver se naquele momento permitia *realmente* uma crítica efetiva ao que é uma civilização oca, composta por satisfeitos "homens de palha".

Oswald disse, lançando estiletes de condenação: "o lado doutor, o lado citações, o lado autores conhecidos [...] Falar difícil". "Eruditamos tudo. Esquecemos o gavião de penacho". Se não soubéssemos que está contra esses gestos, pareceria uma série de menções para logo empreender uma escrita com maiores desdobramentos sobre o assunto. Trata-se de uma contraposição entre intelectualismo arrogante e irreflexivo ("a prática culta da vida") e a verdadeira reflexão, a do "engenheiros em vez de jurisconsultos", a da linguagem "natural e neológica". Mais de oito décadas se passaram desde este programa. O que resultou disso? Quem passe por São Paulo verá que, em uma das estações mais lotadas do Metrô — a da Praça da República —, há uma reprodução gigante do rosto de Oswald de Andrade, que tem um efeito que consiste em que seu olhar segue por um momento o passageiro fugaz que também olha para ele. É um olhar à espreita, de alguma forma previsto. Talvez os parágrafos dos *Manifestos* previram o *Metrô*, uma aliança entre a vanguarda da linguagem que buscava "obuses de elevadores, cubos de arranha-céus e a sábia preguiça solar". E junto a ele, a oração, o carnaval, a energia, íntima, o *sabiá*. Não vamos dizer que tudo isso prevaleceu sem mais e se tornou hegemonia comunicacional. Seria fácil imaginar que o estilo que combinava a sensualidade da selva e as guerras metafóricas metropolitanas triunfou com sua alma poetizada e industrial. Não, esses, com espasmos de retórica voluptuosa, seriam a mortalha da cidade das massas formigando através de seus túneis subterrâneos para ir aos arranha-céus de escritórios, mas não de qualquer modo, ou de modo trivial. Sem alardes, nem graça. Queriam chamar uma força primordial, a natureza não mediada pela linguagem de doutores e letrados, e diga-se, em reconhecimento leal, que os engenheiros convocados com suas locomotivas epicuristas tinham que fazer um contraponto às orações pagãs das divindades astrais da Amazônia. O *sabiá*, o pássaro dessas regiões (de belo canto, é o nosso tordo), é uma palavra que brinca com a *sábia* moleza. Sabedoria seria um obuseiro de vadiagem gozadora. Tecnologia e primitivismo sacramentado pelo prazer dos "poetas práticos". Na verdade, não vemos esse programa em lugar nenhum. Oswald falhou. Andrade falhou. Temos apenas uma São Paulo mais parecida com a descrição que apenas alguns anos depois fez Lévi-Strauss, uma cidade que "descaradamente mostrava as marcas de uma juventude fugitiva; ferro velho, bares de madeira escura com balcão de latão polido, armazéns de tijolos em ruas solitárias onde o vento é o único que varre o detrito; paróquias rústicas ao pé de escritórios e as bolsas em estilo catedral, labirintos de edifícios mofados sobrepujando abismos atravessados por trincheiras, pontes giratórias e passarelas, cidade aumentando sem parar em altura pelo acúmulo de seus próprios escombros que alimentam as novas construções". Não parece ser isso uma demolicionismo poético, embora o antropólogo mais tarde aproveite as vertiginosas estrias do tempo cuja vertigem é uma degradaçao, mas é também um espectador de como "nascem e desaparecem as sociedades no coração das trevas". Em princípio, não convencia qualquer modernidade que pudesse simplesmente associar os elfos da floresta com os elevadores Otis.

Porém, o otimismo radicalizado de Oswald de Andrade exigia "uma visão que bata nos cilindros dos moinhos, nas turbinas elétricas, nas usinas produtoras, nas questões cambiais, sem perder de vista o Museu Nacional". E fechava essas orações com o slogan "leninista": *Pau-Brasil*. A decadência do visitante francês — Oswald será indiferente a Lévi-Strauss, mas ele cita os predecessores Lévi--Bruhl e Blaise Cendrars — é a contra-figura da beatitude do olhar técnico com o qual as máquinas são saudadas, descritas como singularidades que nunca perdem sua aura poética, suas formas singulares, seus fonemas primitivos, aliterados, maquínicos — ci--lin-dros, moi-nhos, tur-bi-nas, cam-bi-ais—, que repicam em um símile de gloriosas rotinas mecânicas.[2]

A tese antropológica que sustenta o manifesto de 1923 é a de um homem com emoção arcaica e armamento moderno, cujo pensamento não tem moldes espiritualistas, mas pulsionais. A tradição resulta numa argamassa vencida, golpeada. A filosofia do ser se afasta com um gesto feliz. "Sem pesquisa etimológica. Sem ontologia". Com o que, então? "A saudade dos pajés e os campos de aviação militar."[3] O *pajé* é o xamã e oráculo dos tupi-guarani. O equilíbrio de Oswald supõe, assim, o confronto mítico — o criador do mito, no sentido de um confronto de opostos irresolúvel ou

2 Com Blaise Cendrars, o poeta do Transiberiano, compartilhará Oswald de Andrade muitas jornadas e também a ideia de que o conhecimento é desafiado pela viagem, que deve ser feita como viajante cosmopolita, mas que deve ser negada em sua potencialidade cognitiva. Mais ou menos como Lévi-Strauss. Cendrars estava em posse do desconhecido, mas sabia que a exploração de lugares supostamente novos era derrotada por uma essência final do genérico humano... Chegando ao México e descobrindo o que já sabia, que não havia nada de novo sob o sol, ele se vê exclamando: "Connu, connu!" [Conhecido, conhecido]. Viajava para redescobrir-se nessa exclamação.

3 José Vasconcelos, no escrito *A raça cósmica*, que oferece tantos desdobramentos, riscos e discussões de uma atrativa mito-poética, menciona quase no mesmo sentido o papel da aviação.

cordial — entre a tecnologia da guerra e a capacidade oracular das tribos indígenas. No entanto, aparece a ligação entre os campos técnicos e os terrenos da inocência selvagem. Os "Postes. Gasômetros. Rails [...] Vozes e tics de fios e ondas e fulgurações [...]" seriam incorporados e depois devorados. Devorar foi um ato de tradução do selvagem, que ao engolir reteve as qualidades do engolido.[4]

Logo depois, na mesma senda futurista e marinettiana, do desprezo pelas cátedras, pelas bibliotecas e pela fala dos intelectuais ("o gabinetismo, a prática culta da vida"), o *Manifesto Martín Fierro* é publicado, na Argentina, como uma declaração de princípios nas primeiras edições da revista *Martín Fierro*. O ano é 1924 e, também, invoca a ideia de digestão, que só poderia ter sido tirada do manifesto oswaldiano que o precedeu. "Martín Fierro tem fé em nossa fonética, em nossa visão, em nossos caminhos, em nossa audição, em nossa capacidade digestiva e de assimilação." É isso que escreveu Girondo, a quem com razão se atribui a redação desse escrito, no qual ressoa a nota oswaldiana: "como falamos, como somos". Nota telegráfica que significa algo que é verificado e algo que já é, e que então não precisa de verificação. Identidade e digestão do estrangeiro — antropofagia — para dar à identidade uma vida nova, experimental e imprevisível.

Com as máquinas em seu estômago, o selvagem se torna moderno sem "reminiscências livrescas", torna-se um bárbaro ingênuo,

4 David Viñas também frequentemente emprega o conceito antropofágico de engolir ou devorar como um mecanismo inverso, é um dos poderes que sugam as almas boas que tentam ser revolucionárias e que em algum momento de sua vida decidem ser apenas transformadores de sua própria transformação na boca que as engole.

bem-informado, mas sem rejeitar o "Museu Nacional" — Oswald o nomeia duas vezes. A sabedoria é um canibalismo poético que ocorre dentro da linguagem da guerra, dos aviões, da química, da balística, contra o "meeting cultural". A selva e os cultos da culinária e da dança prazerosa — tanto a escola quanto o museu são perdoados se souberem parlamentar com a floresta profunda — são os apoios polares da anarco-fundação da cultura brasileira, o "Pau-Brasil", que ressurge com sua alma instintiva do bom selvagem e suas culturas integracionistas sutis, a *mamadeira com a álgebra*, que em seu estômago de fábrica, prometeico e transformador, abriga os ciclopes da tecnologia.

É lógico que as esquerdas desconfiem dessas premissas, que inclusive foram discutidas na década de 1960 como um inconveniente para a introdução do conceito de *classe social* na análise política. O já citado Antonio Candido, compositor, criticou o insinuado pós-modernismo dos anos 1980, que foi tirado do que poderia parecer estereótipos para os oswaldianos e, ao mesmo tempo, suspeitava dos jovens "oswaldistas" no caminho para o nacionalismo cultural vitalista (Caetano Veloso deu a algumas de suas composições musicais um lirismo que respirava um certo ar antropofágico). Justificava Oswald dizendo que a recepção glorificante de uma modernização estetizada poderia ser entendida no Brasil quase pré-industrial dos anos 1920, mas não no Brasil de Volta Redonda e da Companhia Siderúrgica Nacional.

Cinco anos após o *Manifesto da Poesia Pau-Brasil*, Oswald publica, na *Revista de Antropofagia*, o *Manifesto Antropófago*, com acentuações mais decididamente anarco-comunistas e freudianas-revolucionárias. A "lei da antropofagia" é declarada a única lei do mundo, mas o propósito brincalhão do manifesto é imediatamente destacado. Lê-se, então, o famoso *"tupy or not tupy, that is the question"*, que se tornou uma famosa exclamação do autonomismo cultural, mas cozinhado no detrito de uma famosa frase shakespeareana que tem a cultura e o fonema "tupi" em sua dobra interna. Os índios, o teatro trágico hamletiano e o dilema existencial por excelência, como tantas vezes disse, são os três planos em que opera essa complexa frase, que talvez resuma o drama da política oswaldiana: uma guinada para a herança cultural cosmopolita, tecnologia como poética da emancipação nacional e indigenismo tropicalista. O manifesto é cheio de alusões enigmáticas e chaves para os conhecedores, mesmo com um belo feixe dourado que passa por ele: um paganismo arcaico junto com alusões aos tótens cinematográficos da hora. "No país da cobra grande", anota Oswald com seu despacho de teletipo de emergência. Essa é a grande serpente, rainha das águas dos povos amazônicos. A mitologia vai em paralelo com o chamado para não possuir gramática, ou se vangloriar de não possuí-la.

Diferem tanto os dois manifestos? Para Jorge Schwartz,[5] o segundo manifesto privilegia a dimensão liberto-utópica e o sujeito coletivo, diante das preocupações estéticas de Pau Brasil. Isso é certo em frases muito claras em seu dilema engenhoso: "Queremos

---

5 Jorge Schwartz dedicou grandes obras de reflexão, cotejo, compilação e teorização aos manifestos de vanguarda. Tivemos em vista na redação deste artigo todas as suas contribuições: *Vanguardas latino-americanas, polêmicas, Manifesto e textos críticos* e *Vanguarda e cosmopolitismo.*

a Revolução Caraíba. Maior que a revolução Francesa." Esse programa poderia ter tido o sabor distante, um regozijo fugaz, com o que trinta anos depois pronunciaram muitas juventudes políticas em nome da palavra terceiro-mundista. Mas Oswald é brincalhão e não teria se agradado com a psiquiatria existencial de Frantz Fanon, onde a consciência é despertada por um ato de violência descolonizadora. Em Oswald, ela desperta edenicamente. "A idade de ouro. E todas as *girls*." Esse é outro famoso aforismo que reúne os paraísos do poeta e dos exploradores de Eldorado, com um cassino imaginário de alegres bailarinas no meio do bosque incandescente.

O "bárbaro tecnologizado" parece-lhe um tema rousseauniano passado pelas revoluções francesa, bolchevique, futurista e surrealista. Não foi o primeiro a quem veio à mente. Com outros pigmentos conceituais, tons de escrita tirados da cultura judaica-alemã e insinuações messiânicas sutis, Walter Benjamin pensou o mesmo assunto logo depois, mas coroado por uma centelha de salvação teológica-política. Em Oswald, não há cristianismo — e ele é substituído por religiões amorosas e carinhosamente devoradoras. "Fizemos Cristo nascer na Bahia, ou em Belém do Pará". Oswald é brincalhão, não é salvífico ou grave. Celebra o enfraquecimento das grades da lógica. É oracular. Mas são oráculos de um mito que ritualiza a linguagem a partir de seu balbucio dinâmico, que por sua vez replica um mecanismo espasmódico, criador do mundo, do território e da imaginação. Os deuses estão tremendo. No também famoso ditado "Roteiros. Roteiros. Roteiros. Roteiros. Roteiros. Roteiros. Roteiros", que seria: itinerários, estradas, traçados, pontos de viagem, "rotas", antes da expressão dada pela indústria cinematográfica: roteiros. O caminho é um ato de imposição cultural, de desobstrução dos obstáculos, de vontade técnica. É verdade que dá sentido, mas não à margem de seu ato de imposição sobre a natureza. O oposto das "elites vegetativas", que condena, ou seja, os grupos parasitas da cultura e os agricultores que tratam a terra como burocratas capitalistas.

Apologia mística e gozadora de um comunismo surrealista, o *Manifesto Antropófago* postula uma espécie de distribuição igualitária de bens físicos, morais e honoríficos. "Sem Napoleão. Sem César", com catálogos, máquinas e televisores. Com "transfusores de sangue". Evidentemente, este último dispositivo cumpre uma função dupla, já que é um objeto de engenharia médica. E é também a máquina mais adequada para apontar a essência do manifesto, uma vez que propõe a "tradução" como comida. É a técnica "comida" do índio que faz da antropofagia um símile de transfusão de sangue. A técnica pode ser considerada como "o inimigo sagrado", que incorporou ao corpo da nação indigenizada, sacramenta-a e moderniza-a ao mesmo tempo.

As máquinas são congêneres das artes da adivinhação e dos deuses caraíbas, que anulam toda a imagenharia cristã, a memória alheia à experiência pessoal, seja Moisés, as Caravelas do conquistador, os portugueses. Antes de eles chegarem, "o Brasil tinha descoberto a felicidade". Segue esse relato modernista mítico da criação do mundo brasileiro com uma apologia do matriarcado e o desejo de substituir "ideias por sinais". Equivale ao "instinto antropofágico", um sinal erótico que não precisa ser sublimado na amizade, uma vez que já é isso em grande grau. Pelo contrário, quando o instinto sexual é sublimado, pode se tornar a peste da calúnia e do assassinato: no cristianismo. Em *Pindorama* — nome indígena para o Brasil — e em *Piratininga* — a planície paulistana na língua dos guaianases — é necessário empreender a nova luta pela libertação e um novo nirvana "sem loucura, sem prostituições e sem penitenciária".[6]

Era a ética do nacionalismo cultural libertário e do surrealismo tecnológico visto como uma espécie de emancipação em escala cósmica. O manifesto argentino do grupo *Martín Fierro* não tinha chegado tão longe. Faltava-lhe a ousadia imponente de Oswald, sem mencionar que o "ultraísta" Borges, que ousou assinar um manifesto em 1921 — no qual defendia o império da metáfora, mas pedia a supressão de adjetivos inúteis, elos, ornamentos, confessionalismo e "nebulosidades rebuscadas" — fechava aquele círculo na década seguinte criticando com força os manifestos que falavam de "gasômetros" e "cacofonias", focando suas ironias contra a escrita assinada por André Breton e Diego Rivera no México, em 1938, sob o olhar de León Trotsky. Essa grande conjunção surrealista trotskista aceita certos princípios anarquistas no compromisso ético dos artistas.

Oswald de Andrade, por volta destes anos 1930, sentiu que tinha que se comprometer com o Partido Comunista Brasileiro, que

6 Quando Albert Camus chega a São Paulo, Oswald de Andrade é seu anfitrião e lhe diz: "Bem-vindo à cidade do serpentário e da penitenciária". Esse é um trecho de sua escrita de sinais. Anota, mas não se sabe sua intenção valorativa. Mas anotar já é uma intenção avaliativa. Ele não quer prisões e, assim, relata seu manifesto de 1928 com a visita do autor de *A Peste* duas décadas depois. O serpentário de São Paulo pode ou não ser uma metáfora. O maior bairro da América Latina está em São Paulo, o bairro de Butantã.

encarnava quase inteiramente a figura promissora do capitão Luís Carlos Prestes, que logo estaria ligado aos módulos conceituais do stalinismo. De qualquer forma, aceitando Oswald para o Partido, ele sugeriu a Prestes que se apoiasse "na Antropofagia como a única solução americana para nossos problemas vitais". Não era possível, é claro, mas não é difícil imaginar o quão repulsivo e imprevisível teria sido esse encontro entre o intuicionismo libertário — roteiros, roteiros! — e o jovem soldado insurgente que marcaria angustiantemente a vida política brasileira. Por precaução, Oswald diz: "General, prestes ou não prestes, você é oportuno."[7]

O programa oswaldiano com seu cântico para a modernidade rousseauniana da "era de ouro" anarco-hedonista coexistiu quase uma década e meia, aos tombos, com o pensamento positivista, sumário e crédulo de Prestes. O autor dos famosos manifestos relembra em um trecho de suas memórias autobiográficas, *Sob ordens de mamãe*, uma noite de encontro em sua casa com Antonio Candido. Oswald menciona um livro que acaba de aparecer do chefe de polícia de Getúlio Vargas, no qual a psicologia das multidões é analisada com os critérios de Le Bon e com visíveis métodos repressivos. Queria dizer que o livro merecia sua reprovação, mas, para ele, para o antropofágico Oswald — que lia seus inimigos com interesse, suspendendo voluntariamente a aversão para extrair o interesse genérico de um assunto — era necessário falar sobre a questão. Oswald observa que Antonio Candido, um militante socia-

7 Estas e outras menções são extraídas de Maria Eugenia Boaventura, *O Salão e a Selva, Uma Biografia ilustrada de Oswald de Andrade*, Unicamp, 1995.

lista que mais tarde seria o guia sóbrio da crítica literária à inflexão social no Brasil, estava horrorizado.

Com o passar dos anos, o modernismo terá de se formar como uma corrente tropicalista avançada, atraída pelo socialismo humanista e pelo desenvolvimento de Kubitschek. Mas parecia que o trabalho daquela corrente tão plurívoca e impregnante tinha manifestos, mas faltavam obras. Oswald mencionava sempre *Macunaíma*, de Mário de Andrade, e se não parecia um excesso de vaidade, ele adicionava seu próprio romance *Serafim Ponte Grande* — uma crônica transumana que torna a escrita uma antropofagia, uma vez que o romance transforma sua própria composição em um problema explícito de argumentação literária. Um ar Macedonesco ("Museu do romance da Eterna" [de Macedonio Fernández]) e uma certa climatização arltiana fazem de *Serafim Ponte Grande* um elo perdido na novelística do eixo São Paulo-Buenos Aires, quando nos referimos a estes anos de vanguarda. Mas o romance de Oswald também é mais lembrado por seu prefácio, em que se propõe outra vez um manifesto anti-romanesco como crônica severa da própria impotência da literatura para sanar as deficiências e desigualdades sociais. Ali escreve que "o oposto dos burgueses não é o proletário, mas o boêmio". E propõe o fracasso deliberado de examinar a consciência do boêmio e transformá-lo em um náufrago capaz de iluminar beneficamente uma era com seu sacrifício. Para elaborar um pouco mais, situa-se como autor de manifestos estragados: "A valorização do café foi uma operação imperialista. A poesia Pau Brasil também, que teve que entrar em colapso com as cornetas da crise". Meias-verdades de um autor que deixou sua estridência a uma época que não conseguiu ler sua obra. Sua peça *O rei da vela* é realmente inovadora, magnífica. Mas só poderia ser representada 30 anos depois.

Voltando à imagem com o olhar móvel de Oswald de Andrade no Metrô de São Paulo — Estação República, como dissemos, um nó da ferrovia subterrânea onde transitam as marés humanas —, seria agora possível concluir com uma observação sobre a interpretação da obra oswaldiana que foi imposta nas mãos da "vanguarda" revivida sob ares pós-modernistas. Oswald está olhando desde o complexo industrial, comunicacional e da engenharia de transporte de massas de São Paulo? Os manifestos e os romances oswaldianos — incluindo *Memórias sentimentais de João Miramar* — queriam ser o anúncio de um utopianismo sensível que rearticularia toda a língua brasileira como uma grande fusão entre o país arcaico e as grandes máquinas abstratas que variavam da ciência balística à cidade automática. Essa penetração mútua tinha que ser regida por um estado maior poético — até os irmãos Campos, Haroldo e Augusto, ele regeu talvez esse propósito — que não poderia deixar todo o projeto antropofágico nas mãos das esquerdas classistas que quebraram o feitiço dessa colagem entre biologia e geometria, entre aviões e deuses indígenas. Atualmente, podemos conjecturar que essa utopia tecno-antropológica conduz seu sagitário para a instável, mas eficaz, aliança entre um setor da burguesia nacional — não da boêmia e seu batalhão de dândis burlescos que brincaram de ser inassimiláveis ao sistema e parcialmente, como Oswald, conseguiram — e os políticos do governante Partido dos Trabalhadores (PT).

Uma obra exemplar do que poderíamos chamar de cultura pós-oswaldiana é encontrada pelo viajante ao visitar o Museu da

Língua Portuguesa, em São Paulo, ao sair da Estação da Luz, outro dos grandes nós do transporte subterrâneo de São Paulo. O Museu está na antiga estação de trem, uma formidável construção inglesa do início do século XX. Quando você quer escapar da reinterpretação interativa dos museus, quebrando o patrimônio multi-secular do museu com seus relicários em vitrines tímidas e pacientes... este é um bom museu interativo; quando você quer criticar aqueles que propõem jogos informáticos em nome das peças arrancadas do passado que nos imploram, em sua sobrevivência, para observá-los a fim de resgatá-los da falta de memória... este é um bom museu lúdico e tecnológico; quando fingimos que as atribuições maquinais para criar atmosferas audiovisuais imaginativas não devem substituir o que todo espectador pode escolher no uso de sua soberania perceptiva... este é um bom museu projetado com as últimas realizações do poder audiovisual. Todas essas dimensões são encadeadas com uma história narrada com grande qualidade intelectual, de modo que todos os aspectos que poderiam ser questionáveis por seu potencial disruptivo em relação ao museu que vem dos fundos dos tempos, no entanto, conseguem fazer outro tipo de museu popular, mas com uma pergunta poderosa voltada para o espectador: *quem é você?* Isso o concilia com as tradições mais animadas do museu, antigas, românticas e clássicas.

E como seu motivo é a língua, ele apela aos participantes com uma intrusão direta em seu tecido cotidiano: "a matéria da qual você é feito é a mesma a partir da qual o Museu foi fundado". Todos os recursos visuais, sonoros, narrativos e de cores estão a serviço de um autorreconhecimento do orador com sua própria existência dentro da língua portuguesa. Como nas grandes propostas modernistas e renovadoras, estabelece-se uma hipótese de tradução — de unidade do significado final de sensibilidades vitais e artísticas — entre imagens, sons, cores e verbos. A tecnologia concebida como uma retórica "transformada em mundo" também inova nos conceitos "interativos" e "tecnológicos" que tentam renovar a razão e a cosmovisão de museu em todos os países. Cinema e poesia, palavra e imagem, são parte de um grande roteiro — *roteiros, roteiros, roteiros* — com o qual esse Museu expressa a criação dessa verdade *produtiva*, que é a linguagem, concebida na mesma escala e com o mesmo discurso energético que a incessante expansão da rede subterrânea de transporte de massa, do submarino nuclear e das plataformas marítimas de exploração das bacias petrolíferas descobertas.

O assistente ou espectador do Museu da Língua Portuguesa entra numa experiência de jogos e autorreflexão sobre seu próprio tecido subjetivo, linguístico e expressivo, quando se revela que é o centro de uma hipótese de reconstrução cultural que coloca no centro da identidade social as grandes unidades culturais que se expressam nas tradições alimentares, na poesia, nas memórias da arte de massa, nos aceitos encantos de vanguarda, nas sucessivas renovações na música popular, na indústria cultural com suas lendas memoráveis, e, acima de tudo, na necessária pedagogia que abre o tesouro da língua a partir do jogo etimológico, um aspecto lúdico que todo orador valoriza no extremo, porque é finalmente o segredo de sua vida. Ser um elo mais do que a humanidade tem falado, querido, amado, criado e inventado. A etimologia leva longe: ao mito do empoderamento da origem do ser da fala.

No museu, quando se ingressa no sistema de projeções, atmosferas audiovisuais, vozes do enunciador poético cultural, frescos animadores da vida cotidiana — futebol, heranças africanas, portuguesas e indígenas, comida, sexualidade —, sente-se um convite para procurar a pedra filosofal da vida coletiva não tanto na razão do Estado — o museu ignora isso —, mas sim no discurso cultural, em uma *proletkult* poética[8] com sua produtividade na escala das grandes siderúrgicas e canais de televisão — além da Universidade —; e de repente se adivinha essa explosão de subjetividade que um grito de gol, uma canção de Jobim ou o vatapá revelam, à maneira do *aleph* da vida brasileira.[9] Não em um porão de um prédio de bairro, mas em um museu onde todas as imagens desfilam e, ao mesmo tempo, tentam ser metonímicas através do jogo e da pós-educação: educação neo-tecnológica, antropofagia da era comunicacional, linguagem adequada às grandes máquinas do território ou da língua, ou seja, estabelecidas na territorialidade do real na indústria virtual de sinais. Oswald está vivo. Mas gostamos que seja assim? Na saída do Museu, folhetos são distribuídos com as disposições de uma nova reforma linguística nos moldes

8 [N. T.] O termo Proletkult é uma abreviação das palavras russas "proletarskaya kultura" (cultura proletária). A Proletkult foi uma instituição artística soviética de caráter experimental que surgiu durante a Revolução Russa de 1917, composta por uma federação de sociedades culturais e artísticas de vanguarda voltadas para a revolução estética da classe trabalhadora.

9 [N. T.] Gonzalez alude aqui à primeira letra do alfabeto de várias línguas semíticas, aleph, cuja representação parece derivar de "boi". Existe toda uma simbologia em torno dela, como sua possível associação com o poder ou autoridade, bem como seu papel central na mística da cabala.

da simplificação gramatical e da redução dos poderes gramaticais e acadêmicos: por exemplo, a palavra *tranqüilo*, com seu trema arcaico, espumoso e lânguido sobre as finas torres do "u", viu perder o tempero [ao ser suprimido na última reforma ortográfica]. Gostamos que seja assim?

Um Museu concebido se torna popular e vanguardista, animador de novas alianças culturais, porque se revela um estado em si mesmo — o "estado cultural" —, propondo o pluralismo étnico e as veias infinitamente ramificadas da cultura como agência de inter-relacionamento cultural, um testemunho globalizador que gera áreas de linguagem compostas pelo poder de suas articulações epistêmicas e filológicas, como artifício da globalização permitida pelos Estados. Nós gostamos deste modo? A "nação cultural" do século XXI é um recurso das "nações potência" do século XX para perseguir suas hipóteses geopolíticas em uma nova extensão do pensamento coletivo e da heterogeneidade das experiências. O visitante do Museu sente assim uma das formas possíveis em que esses manifestos oswaldianos de vanguarda fazem seu reingresso tecnológico, tendo uma hipótese baseada em novas culturas de massa, "com a nostalgia dos pajés e os campos de aviação..." Podemos chamar isso de "política cultural". O Museu da Língua é um desprendimento do Estado e da mídia, transversal para si mesmo, e atua às vezes como uma diplomacia paralela em questões de subjetividade do ser humano sem mais, da universalidade do problema melhor compreendido por todos: qualquer indivíduo é um sujeito histórico e linguístico que vai aos museus em um ato especulativo de autorreflexão. A tecnologia como entidade poética, "sem reminiscências livreiras", finalmente deu seu veredito sobre velhos dilemas. Gostamos disso?

A adoção oswaldiana como o tear invisível dessas visões do futuro revela o que nos faltava sobre o destino da vanguarda e seu triunfo disseminador. São experiências legítimas, a da conversão do surrealismo cinético e do cubismo industrial no design, da linguagem considerada sem "ontologia", mas nesse caso com "investigação etimológica". Aqui Oswald não foi considerado. Mas entende-se, muitas décadas depois, a forma como Oswald de Andrade preservou a noção de "Museu Nacional". Por fim, foi um poderoso museu da língua no Brasil potência. Não lamentamos nada disso, apelamos, ao contrário, a assumir as batalhas da língua na língua das instituições, de bom espírito. Embora não gostemos que "Oswald" tenha triunfado culturalmente através dessas construções imaginárias que nascem de partes antigas do antigo estado arquitetônico (ferrovias arcaicas, com suas grandes estações como catedrais disponíveis para outras aventuras do ethos moral e intelectual das cidades), temos que aceitar a cicatriz que perdura e talvez deva permanecer em nosso pensamento. A renovação cultural deve ser feita por meio de vanguardas não ingênuas sobre como, em algum momento de seu "roteiro", encontram-se com a refundação globalizada dos circuitos de troca sensível e das neo-formas estatais. *Todavia*, Oswald de Andrade deveria significar também uma poética cujo libertarismo mito-tecno-retórico implique partes inabsorvíveis, escórias de criação impossíveis de serem pensadas por novas máquinas sígnicas, tão interessantes quanto sejam.

OS DESAFIOS DA CLASSE TRABALHADORA

Agradeço o convite do Sindicato de Ladrilheiros[1], na figura do companheiro Luis Cáceres, pois é um grêmio que está atualizando e está em ato. Ao mesmo tempo, ele evoca as formas de trabalho mais antigas, mais relevantes e mais emocionantes, porque estão nos fundamentos de como uma civilização foi construída. O grêmio dos ladrilheiros é uma forma de alusão à habitabilidade, à construção das cidades, à construção dos grandes elementos da vida contemporânea que acontecem na história da humanidade, a tudo o que podemos considerar como indício sob a qual começa a vida dos homens. É o organizar-se em torno de um forno e do fogo para construir uma casa.

Esse grêmio é de um tipo sedentário: o trabalho do ladrilheiro é feito lá, em torno dos fornos. O forno é o fogo, o fogo ligado à argila fala precisamente de um enclave muito forte naquele lugar

1 [N. T.] É um grêmio de ladrilleros, ou seja, de fabricantes de tijolos e demais revestimentos cerâmicos. Para simplificar a terminologia, optamos por traduzir por "ladrilheiros", termo em português que reúne tanto o sentido de "executor de revestimentos cerâmicos", quanto de "fabricador de ladrilhos", enfatizando contudo que o termo aqui empregado possui apenas o segundo sentido.

onde está localizado o trabalho que tem esse aspecto primordial. É um trabalho em um lugar, em um local. A palavra "localização", que vem de "*local*", serve para definir um monte de coisas, o lugar de onde viemos, o bairro. É de onde viemos. É por isso que o grêmio dos ladrilheiros tem raízes na terra e, ao mesmo tempo, está composto por muitos migrantes, irmãos latino-americanos.

"Sedentário" é uma palavra que vem de "*sede*". Ela é usada pela igreja: é o lugar onde está o princípio da adoração, onde está a construção. Daí vem "sedentário", eu acho, mas, considerando-se minha dúvida, não me levem muito a sério, ao menos na etimologia. Do outro lado, estão os grêmios transumantes, como os ferroviários, os caminhoneiros. São os grêmios que marcam os modos de modernidade. São os grêmios de circulação, são os mais modernos. Os trabalhadores da circulação de mercadorias são diferentes dos trabalhadores que se instalam em um só lugar? A fábrica capitalista do século XIX é construída entre o trabalhador sedentário e o trabalhador transumante na circulação de mercadorias.

O que diríamos das grandes fábricas inglesas dos primórdios do capitalismo, no início do século XIX? Havia trabalhadores sedentários, como os ladrilheiros, tendo muitas migrações, mas que se estabelecem onde há trabalho, como os trabalhadores agrícolas que estão migrando para onde há colheitas.

São eles iguais ou diferentes dos trabalhadores agrícolas, que são andorinhas porque migram sazonalmente de acordo com as colheitas, os ladrilheiros — que são fixados em um lugar, permitindo aos irmãos latino-americanos se estabelecerem naquele lugar —, os trabalhadores transumantes (hoje um dos maiores sindicatos da Argentina, os caminhoneiros) e os trabalhadores imateriais, outro tipo de trabalho, que muitas vezes não sabemos onde estão, porque trabalham com uma mercadoria especial, com uma matéria-prima especial, que são palavras e tecnologia da informação? Estes últimos são trabalhadores que podem atender uma dor de dente em um *call center* que fica em Los Angeles e que podem atender uma consulta de passagens para viajar para Córdoba enquanto estão em Tanganica, ou seja, são os trabalhadores da globalização, são os trabalhadores abstratos, são os trabalhadores imateriais.

E depois há os trabalhadores que muito bem descreveu Gringo [Esteban "Gringo" Castro], que são trabalhadores que se anunciam a eles mesmos como trabalhadores, tendo sido desqualificados por um processo cruel de expulsão da ordem trabalhista, da ordem criativa, de uma ordem que os torna sujeitos, e não pessoas, através do capitalismo mais cruel.

Então, temos muitos tipos de trabalhadores: o que está na terra, o que está no campo. De todos esses tipos de trabalhadores, o que dirige o caminhão, que ganha um pouco mais do que o que está na terra, o ferroviário, que ganhava mais e agora ganha menos, porque a ferrovia na América Latina — não na Europa — está quase em extinção, porque o capitalismo selvagem não se interessou nela. O trabalhador imaterial, aquele que trabalha no *call center*, aquele que trabalha por telefone, como ele trabalha? Com a palavra, e às vezes são *trolls* — o que já é mais problemático —, que não deixam de ser trabalhadores, porque trabalham sob exploração oito horas por dia, mas que estão o dia todo digitando e-mails falsos dizendo “quão bom Macri é, e quão ruins somos nós. Como Macri é bom!”. Mandam dez mil “Como Macri é bom!”. Que tipo de trabalho é esse? Descartemos o quão problemático esse trabalho é, mas vamos pensar que também são trabalhadores, mas são trabalhadores muito diferentes.

Se pensamos nos trabalhadores industriais, que são os trabalhadores do século XX, hoje — de alguma maneira — estão dando lugar ao trabalhador que afirma ser um trabalhador desempregado ou um trabalhador marginalizado. Parece-me excelente, nesse sentido, o trabalho feito pelos movimentos dos trabalhadores informais — ou como queiram chamá-los — que têm uma noção humanista de trabalho e não uma noção produtivista.

Os mesmos grêmios anarquistas, pelas quais temos um grande respeito — e fico feliz que Gringo os mencione —, eram grêmios de outro tipo, mais artesanais, estando entre o artesanato e a indústria, como encanadores, caldeireiros, eletricistas. Ou seja, pessoas que trabalham isoladas do grande conglomerado, como os grêmios centrais. Os taxistas trabalham isolados, mas há uma forte centralização que rege essa distribuição do espaço. O encanador, o trabalhador doméstico e o ladrilheiro possuem uma mentalidade estranha à relação com o Estado, com a indústria, que são os nomes com os quais todos crescemos como trabalhadores: o sindicato, a universidade e todas as grandes instituições centralizadoras ligadas ao Estado. E, portanto, a partir daí surgem vários critérios: o trabalho emancipado, o trabalho com direitos, o trabalho como forma do direito, herdada de socialistas e anarquistas, oriunda do século XIX, tendo o horário de trabalho como algo vital.

Deve-se lembrar que o *Capital* de Karl Marx, além de ser uma teoria muito complexa que é necessário estudar, falava muito sobre as condições de trabalho no século XIX e se baseava nas primeiras estatísticas sobre trabalho, trabalho nas fábricas inglesas, estatísticas que foram mais precisas do que as feitas hoje. E quais conclusões sacaríamos dessas estatísticas? Que o trabalho infantil é hoje mais grave do que no século XIX, que as formas de exploração são mais sérias do que as do século XIX, que o horário de trabalho — que era de dez horas e se conseguiu, com mártires, baixar para oito horas — hoje... esses martirológios são como se não contassem, porque em um *call center* trabalha-se doze horas.

Em qualquer trabalho, muito mais horas são trabalhadas, muito mais do que as esquerdas do século XIX esperavam para acabar com a exploração no trabalho. E por que isso? Porque há uma falsa ideia de trabalho produtivista. Porque os grandes monopólios da informática criam uma forma opressiva da informática. Não questiono as tecnologias, questiono a forma como elas são usadas para governar e regular a vida sentimental, a subjetividade, ou seja, a alma interior dos trabalhadores. Tudo isso é a má informática, que é uma forma de governo. É o Estado-maior do governo da humanidade hoje. De uma humanidade que está perdendo suas raízes humanistas. Por isso, um grande motivo dos movimentos sindicais ao redor do mundo é recuperar as raízes humanas e criativas do trabalho. Não podemos deixar que as tecnologias nos dominem, trata-se do contrário. É para isso que elas existem. A partir das tecnologias é que aparece o conceito de produtivismo. Aumentar as horas de trabalho para disciplinar.

Na verdade, o capitalismo não precisa de tantas horas de trabalho. Com muito menos horas de trabalho, mas melhor distribuídas, teríamos uma forma de ócio ou recreação que efetivamente supusesse que os operários e os trabalhadores argentinos pensassem a cultura de outra maneira, aproximando-se da vida cultural com todo o pluralismo que ela tem na contemporaneidade; efetivamente, viveríamos de outra maneira, em uma outra sociedade. É necessário pensar se, de todas as formas que existem do modo de ser trabalhador (os solitários, os que vão de um lugar para outro, os que são mais organizados, os que estão espalhados no espaço, os que estão com uma cor, os que estão com outra cor, os que estão com um sindicalista mais combativo, os que estão com um sindicalista mais ligado aos governos), há de se perguntar se segue existindo uma classe trabalhadora que reúna desde o trabalhador dessa misteriosa central de telefonemas — que nos chamam todos os dias vendendo um produto ou um candidato — até o ladrilheiro, que é a coisa mais concreta que existe porque eles trabalham com as mãos na argila e com o fogo, criando a civilização com a ordem, que está no centro da casa. Por isso, chamamos a casa de "lar". Todo esse arco largo, todo esse grande leque que representamos.

E eu vou acrescentar outra coisa: o trabalhador material e o trabalhador intelectual. É uma diferença que hoje em dia podemos sustentar? Tampouco! Não pode haver um trabalho intelectual que não saiba o que é trabalho manual. E não pode haver trabalho manual que não tenha por trás disso séculos e milênios de pensamento do homem. O encanador é o filho do intelectual que lhe ensinou como o chumbo é colocado diante da necessidade de trasladar algo dentro de um cano. Faz parte de toda a tecnologia que conhecemos. São saberes mais preciosos que pareciam desprezíveis, porque têm a ver com a mão, e a mão é a coisa mais preciosa que existe. O homem não seria um homem se ele não pudesse fazer o movimento de pinças entre o polegar e o resto dos dedos de sua mão, que nos diferencia dos outros primatas. Os antropólogos chamam isso de "mão prensível" e "polegar oponível". Os filósofos dizem que a mão fechada é a dialética e a mão com o movimento aberto é a exposição calma e amigável. Mas como fazer uma diferenciação entre o trabalho intelectual e o trabalho manual!? Não é possível!

No entanto, o movimento operário em todo o mundo tem raízes humanísticas, em todas as suas versões: marxismo, peronismo, humanismo cristão, tudo que quiserem, todas as veias do movimento sindical, porque não há força política e ideológica no mundo que não tenha querido organizar o movimento operário. Podemos nos fazer uma grande pergunta: quais são os passos subsequentes que deverão ser dados no movimento operário argentino — por mais dividido que seja, mesmo aqueles que parecem menos divididos — para que algo que sempre existiu seja reposto, a saber, a noção comum de trabalho? A noção comum de que o trabalho dá vida. O trabalho dá vida, qualquer seja esse trabalho. O trabalho nos torna humanos, qualquer que seja o lugar onde estivermos. Seja num caminhão ou com o forno ao lado de casa. Nesse sentido, parece-me que estamos vivendo um momento crucial. É preciso pensar no conceito de humanidade criadora, tendo relações autônomas juntamente com a ideia de trabalho emancipado.

Essas três noções, trabalho emancipado, nações autônomas e humanidade criadora devem guiar a recuperação política na Argentina, cujo governo hoje não se importa com nenhum dos companheiros aqui presentes. O país tem forças criadoras, ativas e militantes suficientes para sair dessa grave situação imposta por um grupo de empresários tolos que venceram uma eleição. Por isso, há que vencê-los em outra eleição. Para isso, temos que estar preparados.

O movimento operário da Argentina, organizado em suas muitas variantes, deve participar com responsabilidade nisso. É dupla a responsabilidade do movimento operário: gerar as melhores condições de trabalho ao nível do que hoje é um trabalho decente, com salários decentes e, ao mesmo tempo, desenvolver um interesse na construção política sindical, nacional, popular, democrática, com forte presença operária e com grande democratização interna no caso da eleição dos candidatos.

Por que isso seria importante para um ladrilheiro? Isso é importante porque, para um ladrilheiro, um caminhoneiro ou um professor, para um trabalhador, é fundamental que a Argentina viva um processo de nova democratização que nos tire dessa coerção, dessa exploração, dessa forma humilhante de ser tratado como nhoque, *choriplanero*[2] etc. A humilhação é uma forma de opressão

---

2 [N. T.] Na Argentina, "choriplanero" é uma forma depreciativa de chamar os partidários kirchneristas ou peronistas, sob a condição estereotipada que os apresenta como pessoas motivadas pelo interesse de obter planos, subsídios ou regalias do Estado. A palavra vem da junção de "choripán" (cachorro-quente com linguiça, uma comida barata e popular) com "plan social" (plano social).

política, e aqui volto aos próprios anarquistas, pois tudo o que eles queriam era não serem oprimidos. Esse governo é um governo de opressores, por muitas razões, entre elas a palavra, que é uma maneira de oprimir as pessoas. O que vocês pensam quando eles os chamam de preguiçosos, quando dizem que são gordura, quando lhes dizem que são sobras ou que são *choriplaneros*? Eles estão nos dizendo que sobramos! E, efetivamente, o trabalho argentino construiu a Nação.

É a isso que quero me referir muito rapidamente, em relação à ideia de produtividade. A ideia de produtividade não é necessária para o momento em que o capitalismo está hoje. Entretanto, usam-na como uma forma de sujeição. No Estado, não é necessária a ideia de produtividade. Como disse Gringo Castro, não se pode medir nada. O trabalho é uma responsabilidade, não uma forma de produtividade. Uma responsabilidade ou um pacto complexo entre proprietários e aqueles que têm a capacidade de trabalhar. É algo muito completo que a humanidade tem que revisitar. Mas, mesmo que fosse assim, a produtividade não tem nada a ver com a relação entre trabalhadores e empregadores. Produtividade é uma medida de coerção, ou seja, de medir as pessoas como se fossem máquinas. Colocar catracas nas entradas do trabalho, como existem hoje em todos os estabelecimentos públicos, é ter desconfiança no trabalhador.

Essa questão é muito complexa na Argentina. Em um governo popular, com grandes raízes populares, como o primeiro peronismo, em 1955, antes da queda de Perón, um Congresso de Produtividade foi feito. Era outro país, outra situação, era um movimento popular, mas havia problemas econômicos e não eram feitas exportações suficientes. Portanto, não havia dólares suficientes para comprar os insumos que a indústria precisava, o que os economistas chamam de "gargalo", o estrangulamento do comércio exterior. E isso ocorreu apesar do fato de haver o IAPI, o *Instituto Argentino para la Promoción Industrial*, que regulava a atividade industrial (oxalá volte a funcionar, para que seja reconstruída a indústria nacional).

Perón fez o Congresso da Produtividade, mas o secretário-geral da CGT, Eduardo Vuletich — não sei se alguém se lembra — era alguém ligado ao governo e se opôs; opôs-se com argumentos que valem a pena ler novamente, argumentos que são interessantes. Disse a mesma coisa que Gringo: diz ele a Perón que o trabalho pode até ser produtividade, mas que seria melhor dizer aos trabalhadores, cientes de que pertencem a um país que vive um importante processo popular, que eles podem ser chamados a dar mais de si mesmos, o que farão com prazer, pois a produtividade é um sistema de capitalismo duro e seria bom revisá-lo.

Assim, é dupla a responsabilidade do movimento operário: gerar as melhores condições de trabalho no nível do que hoje é um trabalho decente, com salários decentes e, ao mesmo tempo, desenvolver interesse na construção política sindical, nacional, popular, democrática, com forte presença dos trabalhadores e com grande democratização interna.

Vuletich não era um dirigente da Terceira Internacional, era um dirigente formado pelo peronismo. Os grandes movimentos populares devem estar nesse debate, porque muitos companheiros aceitam a versão oficial do macrismo, que é a da produtividade. Apostam na construção de casas em um minuto, em dez minutos, casas inteligentes — que eu não sei o que são –; certamente, terão a inteligência empresarial para abandonar a herança trabalhista da humanidade. As grandes construções tecnológicas têm que pedir permissão à humanidade. A tecnologia não pode continuar a destruir o planeta. Saudamos as tecnologias que pedem permissão a toda a humanidade para avançar a serviço da humanidade. Trata-se de uma tarefa sindical, uma tarefa dos povos. Por isso, saúdo esses passos dados pelo movimento dos ladrilheiros.

A OBRA DE FLORESTAN FERNANDES EM PERSPECTIVA

Para Gabriel Cohn, professor e amigo

Florestan Fernandes foi o próprio nome da sociologia no Brasil, caso me permitam tal expressão. No final dos anos 1970 e início dos 1980, quando ensinei sociologia em um Instituto tradicional de São Paulo — onde havia surgido os primeiros sinais da disciplina e tinha tido professores como Donald Pierson, Claude Lévi-Strauss e Roger Bastide —, sua figura sempre foi invocada como modelo ímpar de profissão e de proteção segura na qual era necessário se assegurar diante das vicissitudes dramáticas de um conhecimento que é continuamente perseguido por sua preguiça e capacidade de desapontar quem tenta cultivá-lo. Conheci-o pessoalmente em seu domicílio paulista, lotado de livros que viviam em bibliotecas que subiam por altas paredes, sem dúvida prova de uma vida dedicada à leitura e à paixão pelo conhecimento dos dramas sociais brasileiros. Em sua biografia intelectual, Florestan — como era simplesmente chamado, seu nome era mais identificável do que seu frequente sobrenome português — poderia exercer seu grande papel como intermediário entre as ciências sociais de seu país e os professores estrangeiros, que eram, tanto antes como agora, os modelos dos praticantes vernáculos do conhecimento sociológico, não raramente transformados em pares e companheiros de aventuras dos professores do lugar.

Foi o caso de Florestan e Roger Bastide, como será resenhado abaixo. Bastide é uma figura importante para a história do conhecimento social do Brasil e sua obra é caracterizada por interessantes nuances. Trata-se de uma figura central da antropologia do século XX com uma extensa trajetória no estudo do simbolismo, da mística e dos signos religiosos. Ele chegou ao Brasil em 1938, pouco depois de Claude Lévi-Strauss e Fernand Braudel (1935). Interessava-se pelo misticismo do ponto de vista não só religioso, como também literário. São conhecidas as relações de Bastide — que tem um itinerário tão semelhante ao do "nosso" Roger Caillois — com o movimento modernista brasileiro, que foi comandado finalmente por Oswald de Andrade. Depois de muitas vicissitudes políticas e artísticas (jazem por detrás dele os manifestos surrealistas, a psicanálise e as esquerdas), o modernismo se estabelece em torno do jogo lírico e retórico da antropofagia. Essa foi a suprema ironia de um nacionalismo cultural baseado na sátira e na estetização da técnica.

A preocupação de Bastide com as tradições poéticas africanas, que legam um ritmo específico à língua brasileira, é uma ideia que deixará uma indubitável marca na atividade de Florestan Fernandes, que, nesse mesmo livro, tenta uma reflexão sobre a poesia negra do Brasil. Trata-se do prefácio que escreve aos poemas do poeta negro Oswaldo de Camargo, que neste livro expressa de forma diretamente dolorosa um sentimento de opressão, tratado em termos angelicais e, sem dúvida, sob o gênero de pregação. Florestan adverte que não é um crítico literário e que presume que lhe é pedida uma opinião em sua qualidade de sociólogo. Deste modo, sua interpretação desta poética do sofredor, da forte espiritualidade evangélica, é interpretada como um caso de sua tese maior: o conceito de "democracia racial" fracassou no Brasil, pois abriga um tipo de conhecimento que esconde relações não igualitárias que são apresentadas como o oposto do que são, ou seja, adquirindo formas sutis, mas superficiais, para reproduzir em outro plano a divisão racial, que recebe o prisma de segundo grau das diferenças de classe. Essas acabam sobredeterminando as relações raciais, uma vez que os estratos pobres, de trabalhadores desqualificados e cidadãos com liberdade legal sem condições de se incorporar a uma autodeterminação social efetiva, seguem sendo percentuais muito grandes da população negra nas grandes cidades do Brasil. Só que a ideologia oficial da mestiçagem progressista é sustentada em alguns casos efetivos, naqueles de negros e mulatos que entram com uma boa estrela no corpo social, sustentando o "mito igualitário" que, por sua vez, se torna também um manto difuso de ideias da população negra ou mulata mais maltratada, que, no entanto, mantém o credo nacional fictício da pseudo-igualidade.

Essa visão, que certamente não é imprecisa ou sem validade hoje, quase meio século depois da escrita destes estudos, permite uma reflexão que já estava potencialmente traçada no rigoroso "destino sociológico" que essas conclusões parecem ter. Florestan, na oportunidade que tem de avançar um pouco mais no campo que Roger Bastide tinha explorado, deixa essa visão de lado em nome da ciência da qual ele é portador. Para Bastide, na reflexão sobre os modos em que se verifica o profetismo místico na poesia dos poetas negros — em comparação com a poesia simbolista de Baudelaire —, considerava-os modos essenciais de tratar o ser da negritude e da "miscigenação" no Brasil. Florestan, de livre e espontânea vontade, está fechado neste caminho, e sua "sociologia" entra em conflito com sua "antropologia". Isso não quer dizer que a antropologia não existia nele. Nesse livro, ele estuda, em um de seus artigos, o culto ao "líder carismático João de Camargo" da *Igreja negra e misteriosa de águas vermelhas*. Mas Florestan chama suas interessantes notas de "sociografia", privando-se de lhes dar mais desenvolvimento, pois alega que lhe apareceram outros interesses de investigação. Assim, ele não percebeu o quanto teria sido favorecido com a continuação desses temas através das dimensões simbólicas ou sacrificiais da vida social, presentes no campo tão ligado ao Collège de Sociologie da França, cuja influência foi representada por seu mestre Bastide no Brasil. Sem dúvida, João Camargo é uma peça minúscula dos vastos panoramas que são apresentados pelo messianismo brasileiro (ou no "contestado"). E, na mesma época em que atua predominantemente Florestan, Maria Isaura Pereira de Queirós escreveu sua tese (as teses ainda eram escritas em francês) sobre o movimento milenarista de Antônio Conselheiro em 1897, de repercussão mundial, cuja herança profética segue sendo até hoje um fio interno, incômodo e comovente — num plano sem dúvida muito soterrado — da vida política do país.

Interessa a Florestan muito especialmente um tema bastante requisitado na época, mais ligado ao que já havia começado a ser chamado de "sociologia do conhecimento", cujas perspectivas haviam sido promovidas por Max Scheler ou Wilhelm Dilthey, mas que chegavam através da corrente americana de Irving Horowitz, um autor muito sensível à decadência da sociologia, que já se insinuava naqueles distantes anos; com novos conceitos, como a "imaginação sociológica" de Mills, essa sociologia do conhecimento poderia ser revivida novamente. Esse tema não poderia ser diferente daquele com o qual tinha forte vizinhança, como o da "falsa consciência". Muitos negros e mulatos brasileiros se percebiam como protagonistas de uma democracia racial, sendo aprisionados pelo "mito" do poder estabelecido que, a partir de sua imensa capacidade de irradiação, não só originou uma coerção cultural sobre homens livres — mantendo-os em sua inferiorização social —, como também muitos deles, baseados em casos isolados, assumiram estar se beneficiando de uma ascensão social nos passos de uma sociedade que proclama seu abraço racial, mas que tem molas internas que ocultavam, em planos submersos de consciência, a desconfiança de sempre em relação às pessoas de cor. A Abolição tinha sido um episódio político, de chancelaria e palácio, de elites imperiais, políticas e militares, e não um fato registrável na vida social. Mas, enquanto publicidade do multirracialismo do país, vizinha ao nosso "caldeirão de raças", tornou-se nosso chicote para uma ideologia estatal que apresentava certas porosidades seletivas e mantinha a chave conceitual do preconceito racial em suas gavetas mais distantes para uso de uma desatenta percepção pública.

Em muitos casos — em que inúmeros representantes da negritude sempre foram encontrados vivendo com elites culturais —, era uma evidente esponjosidade aceita excepcionalmente, como uma metáfora seletiva do progresso comunitário ou individual. Florestan dedica seus estudos e quadros estatísticos para demonstrar que a sociedade brasileira imobiliza, com o consolo abolicionista, uma grande parte da população negra em suas posições de servidão e escassez de possibilidades existenciais. A democracia social era um engodo, e somente politizando a noção de raça seria possível chegar a uma autêntica democracia racial, caso fosse entendida ou quebrada relativamente à estrutura desigual de classe que a subjazia e, finalmente, a explicava. Por isso, a cultura e a poesia negras também deviam ser estudadas como uma espécie de ideologia do oprimido, que não tinha chegado ainda ao segredo final, social e político, de uma desigualdade racial que se queria "igualitária".

O caso do poeta João de Camargo é qualificado por Florestan como de um curandeiro popular, e seus dizeres e eventos não escapam dessa atividade decorrente dos remotos confins das veias do espiritismo, da umbanda e do cristianismo, em uma interessante avidez combinatória que sempre tem a acentuação de um ou outro traço, seja o milagre induzido, o transe ou a sessão de consulta com os mortos. Obviamente, teria sido necessário que Florestan transcendesse sua "sociografia", pois esses casos lhe proporcionaram uma alternativa formidável para lidar com os mesmos temas que lhe interessavam: os obstáculos que uma sociedade produz diante dos mesmos temas que diz promover. E tudo isso é visto como um problema do conhecimento das instituições estatais, tal como se apresentam em termos de sentido comum nacional. Os estamentos que praticam cultos sincréticos têm ambíguos simbolismos que não deixam de possuir também arestas de uma disputa social com a forma pela qual as populações africanas foram expropriadas visivelmente de seus patrimônios únicos, reproduzindo-os em níveis superiores de atividade social e criando comunidades muito ativas que, de alguma forma, quebram a "ilusão" gerada pelo mito da democracia racial. Isso é feito com a "astúcia do fraco", provando palpavelmente que sua influência na sociedade nacional é, no fim das contas, muito significativa. Ela rompe de maneira oblíqua os amparos invisíveis que combinam com a miragem macunaímica, que também os atravessa com um personagem indígena-surrealista voltado para o grotesco, representando — na obra de Mário de Andrade — uma reflexão acentuada sobre as barreiras e os estratos cognitivos, que chama a atenção, como boa parte da classe intelectual da época, para a potencialidade linguística proveniente dos grupos étnicos mais antigos do Brasil, a fim de recriá-la utopicamente.

Durante os anos 1920, Oswald de Andrade promoveu, precisamente, a ideia de "antropofagia" como um marco vanguardista e artístico para recriar um Brasil multicultural igualitário, brincando com a noção de canibalismo e transfusão, o que é feito na forma de um manifesto que chamaríamos hoje típico de uma "recepção" com criação cultural autônoma e "estilo emancipado". Ele desdenhou da sociologia, que colocou como exemplo de um pensamento inerte para situar essas mesmas questões. Também Glauber Rocha, influenciado por esse tropicalismo integrador, duas décadas depois dessa afirmação oswaldiana, repetiu a mesma crítica, feita então à sociologia de Fernando Henrique Cardoso — discípulo, por sua vez, de Florestan, e que também havia estudado a integração ou a sutil rejeição da negritude nos estados do Sul do Brasil, antes de se dedicar à sua teoria da "dependência". Segundo Glauber, Cardoso era sociólogo da "Fundação Ford" que não estava à altura do pensamento crítico brasileiro, encarnado por seus grandes ensaístas e romancistas, um Jorge Amado, um Guimarães Rosa. Para conhecer o Brasil, Glauber opunha os projetos do cinema novo brasileiro à sociologia institucional. Além dessa grave discussão, sem dúvida seu filme *Deus e o diabo na terra do sol*, de 1963, estourou como um manifesto visual estremecedor no panorama intelectual brasileiro, movendo os pilares da política e das ciências sociais e chegando à sociologia argentina através do "*Isidro Velázquez*" de Roberto Carri.

De alguma forma, Bastide — talvez não Florestan — suspeitava de tudo isso. Roger Bastide, segundo Pablo Simpson — atual professor da USP — estava mais influenciado por Lévi-Bruhl, cujas teses sobre a alma primitiva "pré-lógica" já eram questionadas em seu tempo. Mas isso não o impediu de se aproximar do mundo cultural do modernismo brasileiro, com as figuras centrais de Oswald e Mário de Andrade. De certo modo, Florestan é o terceiro em discórdia dessa relação, pois os manifestos do grupo que escreve a grande panfletagem estética dos anos 1922 e 1929 — mais vinculada a um indigenismo utópico do que a uma reivindicação do folclore negro — rechaçam o ramo menor desse mesmo modernismo, que seria o que decorreu da implantação da sociologia no Brasil, realizada naqueles anos sob a forte influência dos professores da

Escola de Chicago, que consideravam São Paulo como uma cidade análoga a Chicago para estudar os processos de modernização urbana. No caso de Florestan, tudo isso estava ligado a desequilíbrios raciais. Um tema fundamental, que é apresentado imediatamente, são os movimentos da reivindicação negra que, em algumas de suas versões radicalizadas, correm o risco de infringir em si mesmos uma visão "classista" inversa àquela que criticam; resultado óbvio de certas propostas que atuam como um reflexo inverso da forma atual de opressão racial. Mas, para Florestan, não ocorre o mesmo nos movimentos de reivindicação racial — sobretudo nos do Rio de Janeiro —, onde o ator teatral Abdías do Nascimento tem uma atuação decisiva, tendo criado o grupo poético *A Santa Irmandade da Orquídea*, representado Eugene O'Neil e fundado o Teatro Experimental do Negro, além de ter criado, na época de suas prisões, o *Teatro do Sentenciado*, sendo preso em pleno Estado Novo. Florestan tem simpatia, logicamente, por experiências como a de Abdias. Ele foi, em vida, um seguidor do partido de Brizola, e são conhecidas as dramáticas diferenças entre ele e Lula, nos anos 1980, o que hoje teria que ser visto com outras perspectivas: Florestan, como se sabe, esteve no PT desde o início e fez parte de um de seus primeiros grupos de deputados federais. Mas Florestan é sociólogo, não ator. E é "paulista", não "carioca". É por isso que, nesse livro, deseja ir além dessas experiências de negritude intelectual. Ocorreu do mesmo modo que teria acontecido no caso de Machado de Assis ou Marechal Rondon, o primeiro descendente de mulato, nascido em um morro e renovador muito original da literatura brasileira, e o segundo, também mestiço, mas descendente do português e de uma nativa bororo, a etnia que tanto tinha chamado a atenção de Lévi-Strauss.

De Rondon — que era um militar "socrático", que estendeu e explorou o território brasileiro com um slogan filosófico, "melhor sofrer injustiças do que cometê-las" —, Darcy Ribeiro — que é autor de uma feliz utopia sobre o Brasil, de que finalmente integraria uma democracia racial, linguística e política oriunda do caldeirão de suas lutas sociais e étnicas — diz que deve ser colocado no mesmo retrato ilustre da história da educação brasileira, juntamente com o notável criador da "escola nova", Anísio Teixeira. Darcy — do qual muitos argentinos sentem "saudades" — também criou uma grande "tríade" bibliográfica (que foi criticada) com a qual sinalizava que o Brasil era a metonímia de três livros: *Os Sertões*, de Euclides da Cunha, *Casa grande & senzala*, de Gilberto Freyre, e *Tristes Trópicos*, de Lévi-Strauss. Um país pode ser resumido em um grupo bibliográfico tão apertado? Mas esse bibliografismo não é inadequado quanto à "cultura nacional", porque o primeiro livro mencionado é uma crônica formidável de um "arrependimento", o grande massacre pelo exército da nascente República do movimento salvacionista dos sertões do Nordeste, em torno do famoso líder messiânico Antônio Conselheiro; o segundo é um tratado repleto de ironias sobre a fundação do Brasil, em cujas complacências (sem dúvida discutíveis) bate uma grande literatura difícil de igualar; e o terceiro, surpresa, é um livro "brasileiro" escrito por um francês. Mas as vívidas pinturas da viúva paulista, suas crônicas de viagem, seu rousseaunismo indigenista, suas nostálgicas fotografias, sua teoria mista da visão aguda do cronista e sua crônica elevada à magnífica condição de uma epistemologia que quase chamaríamos de "milenarista" (não é Lévi-Strauss um "estruturalista" equivalente ao "milenarismo" de Conselheiro?), tudo isso faz de *Tristes Trópicos* uma aventura intelectual fundamental do século XX, inclusive como testemunha indireta da viagem de André Breton ao México para assinar o manifesto artístico com Trotsky. E mesmo que o considerássemos como o livro de "divulgação" de Lévi-Strauss, inclusive se aceitarmos de bom grado as críticas que lhe dirige Derrida em outro livro fundamental e de alguma dificuldade, "*Da gramatologia*".

Florestan não está longe desses significados profundos da cultura brasileira, mas de alguma maneira — e de uma maneira que consideramos necessária — é o seu "estraga-prazer". Estou pensando no lugar que Eduardo Rinesi deu à figura do "estraga-prazer" em muitos de seus escritos. O estraga-prazer ouve pela primeira vez uma série de sons e declarações culturais, e imediatamente se sente insatisfeito com "o que não sabe o quê", um desacordo com o estabelecido, mas também com a invenção cultural livre. Essa dupla discrepância o coloca em um estado de dúvida, não combate o que não gosta, mas gosta de colocar escrúpulos irritantes, em muitos casos necessários. Não colocaremos Florestan no número de "estraga-prazer" dos jubilantes apologistas da "alma artística" brasileira (representada pela grande frase atribuída a Tom Jobim: "O Brasil não é para principiantes"), mas é preciso reconhecer que a "sociologia" que surgiu com seus conceitos de modernidade democrática, de mudança social e de "desmascaramento" do "homem cordial" — sendo esse último um conceito sempre visto com ojeriza oriundo do grande ensaio *Raízes do Brasil*, de Sérgio Buarque de Holanda (1936) — pagava o forte preço da incompreensão dos conceitos mais culturalistas em nome de uma compreensão da arte em termos de uma "sociologização" do protesto. Deveria considerar, sem dúvida, se o reconhecimento das raízes da opressão racial poderia ser melhor reconhecido com a ideia de que a poesia negra é uma forma de "sublimação" do ressentimento (Florestan) ou uma manifestação da arte autônoma, que deve estar ligada não "antes", mas sim simultaneamente, à condição oprimida do autor. Com isso, toda poesia seria uma sublimação ou toda poesia deveria ser julgada de acordo com gêneros mais ou menos universalistas.

Quando Florestan faz alusão à tradição oral do folclore negro, caracterizada por celebrar seu próprio mundo cultural com ostentação desafiadora e ingênua, cita Silvio Romero, que observou que o negro escravo se introduz na vida íntima brasileira em suas dobras mais remotas. Silvio Romero — poeta, filósofo e folclorista do final do século XIX e início do século XX — expõe com simplicidade o que mais tarde será a principal tese do livro máximo sobre o tema, *Casa grande & senzala*, de Gilberto Freyre, onde a raça negra é reivindicada através da peneira de um crivo entre o senhor de engenho e o escravo, destacando o patriarcalismo como uma força criativa — e daí a nomeação na lusofilia do colonizador — e a negritude como tendo um papel de provedora da fibra cultural interna na história brasileira, indispensável na linguagem ou nas comidas. A estrutura escravocrata é analisada com traços finos, e é evidente a influência de seu professor Franz Boas, de quem não se deve desdenhar tampouco sua influência sobre Lévi-Strauss, e, claro, sobre as notas incisivas de Freyre sobre os aspectos linguísticos, retóricos e visuais da cultura brasileira forjados pelo "senhorial" entrelaçamento entre o fazendeiro e o habitante da senzala. A esse quadro se deve acrescentar o aroma persistente que todo o trabalho de Gilberto Freyre mantém em relação ao que havia oferecido sua leitura de Georg Simmel, que atualiza sua leitura e alivia sua opção pelo portuguesismo, pelo governo Vargas e, em seguida, por seu apoio ao golpe de 1964.

Freyre não poderia estar, politicamente falando, mais longe de Florestan. Não obstante, com o quão frágil sua obra parece quando julgada por seu lusitanismo fervoroso, ou por suas preferências políticas, em meio a suas opções linguísticas e pelo picaresco finíssimo — especialmente quando descreve as questões da sexualidade do escravo negro — por outro lado, volta-se hoje a colocá-lo em um lugar privilegiado na leitura antropológica e literária brasileira. Acompanha essa tardia revalorização de Gilberto Freyre a redescoberta relativamente recente da literatura sociológica de Georg Simmel, cujo itinerário intelectual coleciona uma estética secreta do espírito para alimentar uma inesperada e quase inevitável sociologia, o que é notório na obra do pernambucano. O visitante da biblioteca de Freyre, no estado de Pernambuco, surpreende-se (foi o nosso caso) com o seu tamanho, onde se destacam as obras de Simmel, autor muito publicado até os anos 1920 e também bastante depois, até que foi deslocado na leitura sociológica por um Max Weber que logo seria traduzido para o espanhol, em seu trabalho central, por volta de 1944. É a mesma surpresa que o visitante tem na visita à biblioteca de Ezequiel Martínez Estrada, na cidade argentina de Bahía Blanca. *La cabeza de Goliat*, de M. Estrada (1949), destila a seiva, entre muitos outros, de Simmel. A onda de leituras simmelianas não torna semelhantes as obras de Freyre e Martínez Estrada — pode-se acrescentar a de Sérgio Buarque —, porque o clima hedonista da primeira, com sua satisfação por uma vida patriarcal com a majestade de uma família extensa onde o escravo negro mantém em muitos casos sua superioridade intelectual, não pertence ao posto do profetismo e das admoestações que Martínez Estrada lançou contra os poderes técnicos e administrativos que substituiriam, com uma viscosa burocracia, a comoção que produziria a leitura das peças literárias fundadoras do país.

Florestan permanece indiferente a essa estria vigorosa da presença de um sociólogo que vem de reflexões sobre Goethe, Rembrandt e as cidades modernas governadas pela abstração de mentes tomadas pela filosofia do dinheiro, e que estuda as formas estéticas plasmadas em obras e objetos cotidianos — a porta, por exemplo —, aos quais proporciona notas específicas de uma antropologia ligada a ações humanas tão elementares como as fundadores da visão, do espaço e das estruturas mentais coesas ou dispersivas. Esses não eram temas de Florestan, mas de Bastide, a quem muitos veem perto do sociólogo alemão, não apenas em reflexões como as da "porta barroca", como também no clima geral de sua obra. Leopoldo Waizbort, estudioso das repercussões do trabalho de Simmel no Brasil, enumera uma longa série de evocações que se referem de forma precisa ou imprecisa, direta ou evocativa. O caso de Bastide é apontado, mas também o de Sérgio Buarque de Holanda, de quem não seria imprudente dizer que seu "homem cordial" não é uma imposição de dominação social sob a máscara complacente de um arquétipo fixo, mas uma "forma de vida" onde cabem perfeitamente o conflito e a luta contra a reificação social. Não menos presente está em uma das teses pioneiras da Universidade de São Paulo (1950) sobre a moda — da aluna de Sérgio Buarque, Gilda Rocha — em que é evidente que são tomadas observações simmelianas sobre a moda, o coquetismo e a estilística social em geral. Waizbort, não obstante, considera "um exemplo negativo" o caso de Florestan Fernandes, que julga com receio essa tese e a própria obra de Sérgio Buarque. Para Florestan, Simmel seria um caso de ensaísmo impressionista alheio ao que "realmente" importava. E o que realmente importava era uma sociologia da estratificação social no âmbito das hipóteses de modernização social. Mesmo que não esquematizasse muito esse conceito, era nele que Florestan abrigava seus estudos de democracia racial e, especificamente, era onde ele fazia operar a autoconsciência enganosa da mesma negritude. Daí a "representação racial" de um Brasil que "era um país sem preconceitos étnicos". Mas, talvez, Florestan tampouco explorou essa torção da consciência social, pela qual os próprios afetados desviam o núcleo central de sua experiência, julgando que não existe o que na verdade existe. Teria sido uma forma de estudar a elaboração da consciência equivocada, esse equívoco que contém planos reservados que seu próprio portador não deixa vir à tona através de operações de auto-ocultação.

Florestan é equivalente ao que a nós significou a figura de Gino Germani? De certa maneira, sim. Mas vamos olhar para as semelhanças e as diferenças necessárias existentes. Ambos cultivavam um tipo de sociologia da "transição para a modernidade" com semelhantes recursos teóricos. Florestan tinha mais apego aos movimentos sociais e simpatizava muito genericamente com o marxismo, logicamente passado por várias peneiras sociológicas. Germani assumiu que a sociologia, que foi por ele refundada na Universidade (1957) invocando vários segmentos conceituais — o estrutural-funcionalismo americano, algumas abordagens tímidas para a ideia de "imaginação sociológica" de Wright Mills, ecos embora muito distantes da Escola de Frankfurt, uma forte base estatística, algumas citações de Simone Weil, um parsonismo sem a linguagem de Parsons etc. —, promoveria no mundo das ciências sociais argentinas um rigor científico e um conjunto de profissionais capazes de configurar uma comunidade de conhecimento que até então não existia. Pagava um preço alto por essa crença, que não torna seu trabalho ou seu compromisso fundador insignificante, todavia, um saber tão logo chamado "sociologia" não poderia imaginar sua irrupção produzindo um arranque que converteria instantaneamente o território circundante em espaço ermo. Ao contrário, ele teve que reconhecer as raízes, as gramíneas e as faunas pré-existentes para dar à fundação o direito insubstituível de ter uma genealogia. Uma fundação parece poderosa no dia original, mas logo descobrirá que, se sua genealogia residia em seu próprio ato de criação, pouco a pouco seus impulsos iniciais estariam desnutridos para sobreviver apenas a um punhado de velhos conceitos inertes e bons propósitos fixados nas estatísticas, o que será visto com a piedade de tudo o que tem uma história — a história das estatísticas —, mas não como sendo a história cultural que tinha desejado ter.

Florestan era filho das classes populares brasileiras, sua mãe era lavadeira e sua adolescência como engraxate faz um exemplo de jovem que pratica o traquejo das tarefas com as quais ele rasga uma pequena dádiva para um mundo de desamparo, até que floresce uma faísca inesperada que leva a escapar das obscuras subserviências e encontrar um caminho régio dos livros, das teorias e dissertações. Simultaneamente, teria lugar o movimento de intelectuais franceses que cruzaram o Atlântico para colaborar com a fundação da universidade brasileira, em meados dos anos 1930. O jovem Florestan, que ao mesmo tempo possuía habilidades de escrita muito boas, como evidenciado por todo o seu trabalho, aproveita uma experiência universitária que as estatísticas sociais não previam para uma pessoa de sua classe social. Sempre lhe foi dito que sua origem nos estratos dos serviços domésticos da sociedade brasileira e sua transformação em um intelectual de significativa agudeza lhe davam uma sensibilidade especial para lidar com a grave questão do inferiorismo social sistemático a que as populações que vieram do colonialismo escravo foram relegadas, pela pressão hipócrita de um dispositivo cultural que gostava de se proclamar universal e igualitário sem o ser, tendo contudo um impacto drástico no "sentido comum". Concordamos com essa ideia, mas é preciso acrescentar a ela a prevenção de que a origem social não garante necessariamente a maior predisposição para conhecer os problemas dos setores que vêm desse mesmo setor. Precisamente, esse é o dilema de Florestan nesses artigos. Porque muitos negros paulistas acreditam que estão melhores que os negros do Rio, porque grandes setores da população de negros e mulatos pensam que vivem em uma democracia racial, sem poder perceber todo o emaranhado de preconceitos raciais que são cobertos por uma promoção de práticas de igualdade cidadã.

Por outro lado, temos o julgamento sobre a poesia negra (nesse livro). Florestan analisa, como vimos, a poesia do sofrimento de Oswaldo de Camargo, e a entende como uma "sublimação das frustrações raciais". Consequentemente, a poesia de um Cruz e Souza é vista como o "sistema de exceções" com o qual o cânone branco oficial se permite reconhecer um expoente da poesia feita por um homem negro que, no entanto, segue os passos de Baudelaire. A questão não é, contudo, tão simples. No final do século XIX, João de Cruz e Sousa, personagem muito estudado na história poética do Brasil, foi um escravo libertado por seu "senhor", o Conde de Souza, que lhe assegura uma educação formal completa. Daí surge um poeta estranho, geralmente considerado um simbolista — e a quem Bastide tenta estudar relacionando os diferentes tipos de misticismo da poesia de raízes africanas e o que ao mesmo tempo sai da imaginação de um Mallarmé — que para Florestan não vai além de uma exceção, "poesia negra para brancos". Mas Cruz e Sousa, o escritor de Missal, com seu sol descrito como "orientalista radiante do firmamento", não parece se prestar tão facilmente a esse tipo de categorização, na medida em que não seria possível reduzir a complexidade dos universos poéticos a fórmulas sociológicas de interesses reivindicativos e de "sublimação" dos sofrimentos. Talvez uma crítica poética como a que Mariátegui (autor que o último Florestan não conhece) faz de César Vallejo em *Siete ensayos sobre la realidad peruana*, considerando-o como um tipo de indigenismo simbolista, poderia levar Florestan a dar outras nuances ao seu conceito de democracia racial (como um mito e como uma utopia). Pouco tratado por Florestan — parece-nos — é o problema da mistura racial, o conceito problemático de mestiçagem, latente em qualquer consideração desse tipo, com sua intensidade disruptiva silenciosa. Darcy Ribeiro, deitado em sua varanda na Avenida Atlântica, em Copacabana, via passar os torsos nus de arrogantes mestiços da favela, com seu corpo rítmico e sua torneada negritude, e viu ali o futuro de um Brasil mestiço, inclusive de uma América Latina mestiça, considerando uma utopia de nações recompostas em sua territorialidade de acordo com suas bases étnicas originais. Sem dúvida, isso originava o maior problema da Argentina que, vista assim, convertia-se num país artificial, ao passo que o Brasil combinava perfeitamente seu escopo territorial com seu forno transmutativo de raças.

A questão ainda está de pé. Mariátegui foi pouco partidário dessas mestiçagens, assim como Euclides da Cunha, e, por outras razões, Sarmiento em *Conflicto y armonías de razas en América*, em que desenha um panorama decididamente amargo e condenatório dos grupos étnicos indígenas e até crioulos. Ao contrário de Gilberto Freyre e do mexicano José Vasconcelos, para quem também, por diferentes razões, o futuro desses territórios tem um rótulo inevitável de interpenetração e inclusive, para este último, de fundação de uma nova raça. Talvez ninguém tenha ido tão longe quanto a cubana Lezama Lima, que imaginou um caldeirão artístico metamorfósico onde a ideia de "barroco americano" fundiu raças, culinárias, móveis, formas de arte e, finalmente, caminhos políticos de emancipação. Ele não despojou nenhuma dessas realidades de seu selo de "senhorio" pagão e cunhagem teológico-política.

Mencionamos essas breves arestas, pois sua consideração teria sido de grande importância na construção de uma crítica abrangente ao conceito de "democracia racial", que foi questionada por Florestan, com razão, como sendo uma ideologia oficial complacente, alienada e falsa. Nos anos em que Florestan está passando por seus últimos compromissos políticos, como já dissemos no PT, cria-se no Brasil a consciência intelectual de que não existe tal "democracia racial", tendo tentativas desmistificantes — assim chamadas ou não — que ameaçam a própria obra de Gilberto Freyre, muito exposta a ser encerrada na apologia desse conceito. Mas, na verdade, devido à sua qualidade e seu escopo teórico-literário (Roland Barthes comparou-o a Michelet), tenha pronunciado ou não o sintagma da democracia racial, a obra de Freyre continua a estar de pé sobre as maciças bases de sua imaginação antropológica. Parece simples sustentar esse conceito de democracia racial, mas sua dificuldade o torna interessante. Suas duas partes vêm de campos contraditórios: a teoria política e as teorias biológicas. Tem o mesmo efeito da atual "biopolítica". O Brasil tem uma fecunda história em termos de afirmação deste conceito e de crítica a ele. Não se pode ignorar o trabalho do antropólogo Nina Rodrigues, nos tempos da Abolição, que, pela influência de Lombroso (como entre nós J. M. Ramos Mejía), desenhou um panorama da existência negra sob o crivo das teses da inferioridade cognitiva, todas regidas por um cientificismo raciológico, tão criticado hoje, que é bem estranho aos métodos de trabalho deste peculiar personagem que, resgatado hoje de suas ingenuidades e erros conceituais, traz quadros muito vivos da vida das populações negras na Bahia. De Nina Rodrigues a Donald Pierson (antropólogo brasileiro, também professor da Universidade paulista, aluno de Margareth Mead e Robert Park, membro da escola de Chicago onde o trabalho de Simmel pesou muito, segundo Waizbort), pode-se tratar a multirracialidade brasileira de muitas distintas maneiras. Pierson descartava, ao contrário de Florestan, o preconceito racial, mas não o preconceito de classe.

Nas últimas décadas, e em grande parte como resultado de uma discussão de confronto entre as obras de Freyre e Florestan (o primeiro sendo resgatado pela originalidade de sua obra, mas visto com desconfiança por sua abordagem ligeira da questão racial-democrática, embora não seja originário de seu trabalho esse conceito, e o último lido por sua constante denúncia feita com dados e exames meticulosos do "mito" da democracia racial), surgiram diversas iniciativas que fazem parte de uma já longa história dos compromissos com o tema. A começar pelo já citado Abdias do Nascimento, que foi deputado federal nos anos 1880, após uma longa trajetória com suas atividades teatrais políticas e artísticas, e pela Frente Negra, que acompanhou o governo Vargas com alguma autonomia. Repleto de fatos parlamentares e legais, esse debate é incessante. As menções ocasionais ou não de políticos estabelecidos sobre a igualdade racial, nos governos de Jânio Quadros, de Fernando Henrique Cardoso e especialmente no governo Lula, são aumentadas por debates constitucionais e leis que lidaram de várias formas com a questão da democracia racial, projetando "regulamentar equitativamente" o "mito", transformando-o em políticas públicas efetivas.

Um "Congresso latino-americano de cultura negra no Brasil" animou-se nos anos 1980 a lançar uma crítica às esquerdas: "No *Capital* de Marx há pouca conversa sobre crianças e mulheres, e nada sobre negros". Há muitas vicissitudes desse debate que não podemos mencionar aqui, porque elas ainda estão vivas. No entanto, é necessário indicar o impacto duradouro que parece ter provocado a Lei de Cotas para a educação universitária — o que, sem dúvida, também é criticado pelo mero conceito de "cotidificador" da educação — pois permitiu um aumento significativo no número de estudantes de origem racial negra nas universidades. Logicamente, apresentou-se a alternativa clássica da promoção do igualitarismo social-étnico no ensino superior, em comparação com o suposto "nível" que seria enfraquecido, pois dependeria apenas de lógicas imanentes ao saber e não de políticas sociais estatais. Embora cada problema se constitua trabalhando sobre seus componentes reais, ninguém demonstrou que os "níveis de educação" seriam prejudicados se a admissão adquirisse uma vigorosa equidade "sociológica". Florestan Fernandes riria dessas observações — livros como esses abrirão ou reforçarão a resolução criativa desse debate — e celebraria que, juntamente com o aumento da matrícula de estudantes negros e mulatos — que ainda não preenchem a quantidade estabelecida nas vagas —, o estudo da história da África e da América Latina tenha se tornado obrigatório. E, apesar das dificuldades predominantes — e, sem dúvida, crescentes, além dos conhecidos transes políticos pelos quais o Brasil está passando —, os tambores do Olodum também tocariam suas batidas de anunciação ao compasso de um samba-reggae.

ALCIRA ARGUMEDO E O DESTINO DAS CIÊNCIAS SOCIAIS ARGENTINAS

SOCIOLOGIA E A QUESTÃO NACIONAL

É difícil saber o que é hoje a sociologia, a ciência da "sociedade moderna, industrial, de massas, das tecnologias", ou seja, é difícil saber por que seu objeto é evasivo e, ao mesmo tempo, não nega auscultações estatísticas. Alcira Argumedo entrou na profissão de sociologia em 1960 — espero ser exato nas datas, não estou revendo papéis, mas apenas memórias pessoais —, quando a sociologia estava em seu frescor. Todavia, seu criador, Gino Germani, não havia começado a fazer planos para se retirar do país que lhe deu refúgio, insatisfeito com o crescimento da esquerda, com as áreas de militâncias armadas e com a crítica à sociologia que ele chamou de "científica", que previa quase exclusivamente leituras de sociólogos americanos amigos dele — não passíveis de desdenho, como Lipset, e não como Frantz Fanon, o martinicano que estava ganhando os interesses de leitura do momento. Em vez da "estratificação social" e dos "processos de modernização" ou dos diversos tipos de "racionalização da ação", apareceu subitamente a "questão nacional", de mãos dadas com a já instalada "teoria da dependência". Foi uma mudança súbita de interesses bibliográficos. Quando entrei na profissão, Alcira já estava tentada pela questão nacional, que no marxismo tinha longos antecedentes, que se reforçava entre nós pelas leituras incipientes de Rodolfo Puiggrós ou Juan José Hernández Arregui, onde aparecia mencionada uma insólita presença no II Congresso da III Internacional, a de um argentino que tinha escutado o discurso de Lênin sobre a "autodeterminação dos povos".

Era Manuel Ugarte, uma figura essencial e complexa, um rubendariano ["Rubemdariano" se refere ao fato de ser discípulo do escritor, poeta, jornalista e diplomata nicaraguense Rubén Darío (1867-1916), um dos maiores representantes do modernismo literário em língua espanhola], palestrante latino-americano, membro do partido socialista argentino que rompe a relação várias vezes com Juan. B. Justo por causa de sua promoção vigorosa da referida questão nacional. Havia um privilégio nessa questão que seria fundido, mais cedo ou mais tarde, ao do proletariado, todavia ela tinha que ser tratada, primeiramente, com a denúncia da maneira pela qual os governos imperiais subordinavam continentes inteiros, transformando-os em meros produtores de matérias-primas. Tudo isso poderia ter sido um dos muitos temas histórico-políticos estudados nas universidades. Aqui vamos delinear muito sumariamente de que maneira eles foram tomados pela Escola da Sociologia, mas com o seguinte esclarecimento. Trata-se menos de ver aqui como a sociologia estudou esses temas do que a maneira pela qual esses próprios temas a estudaram e converteram-na, por dentro, em uma matéria dúctil e ainda hoje inquietante. Dessa transmutação surgirá Alcira Argumedo.

Somente com uma grande comoção social, em que as expectativas já experimentadas e os destinos mais ou menos configurados já não garantem mais itinerários de vida, pode-se compreender a grande reviravolta que ocorreu na profissão fundada por Germani. Não é que ele apenas pratique o monolinguismo da "passagem para a sociedade secularizada", ou os "efeitos de demonstração" nas sociedades de consumo. Ele estava atento à sua formação estatística, à sua complacência com o funcionalismo, mas também não era estranho a certas reflexões da Escola de Frankfurt e à leitura de Simone Weil. A partir dessa sociologia, Germani não era completamente alheio a certa vocação humanista que trazia de sua militância socialista em Roma. Estava disposto a aceitar uma esquerda sociológica, que agregasse nuances de esquerda a Durkheim — como entre muitas outras coisas fez Gramsci — ou que transformara o sistema social do funcionalismo americano no estudo da marginalidade ou da "pobreza estrutural". Mas o desafio veio de outro lado, e era cognitivo; ou, para colocá-lo mais trovejadamente, era portadora de motivos epistemológicos. Ou seja, os novos ares visavam questionar os alicerces fundadores da razão sociológica, encarnados no encadeamento hereditário de Saint Simon, Comte, Durkheim, Weber e Parsons. (Já Wright Mills tinha feito a sua parte, fornecendo sérias dúvidas sobre as tramas sistêmicas de Parsons). Estes questionamentos faziam entrar pela grande porta aspectos historicistas e compreensivistas da ação social, que levaram a ponderar, com diferentes capacidades de objetificação, tanto a ideia de nação quanto a de vontade de ação subjetiva.

O golpe de Estado de Onganía em 1966 significou muito para as ciências sociais, se não é que tivesse que significar muito mais para a consolidação das organizações armadas, que já tocavam em uma sociedade onde a existência de uma latência peronista em todos os seus poros exigia uma interpretação mais sistêmica (para empregar um conceito parsoniano, que logo será muito melhor desenvolvido, embora de forma mais rígida, por Habermas e Luhmann). O vácuo criado pela demissão dos professores que tinham refundado a Universidade, em 1955, com as novas ciências sociais, a psicologia, as abordagens decisivas nas ciências físicas, matemáticas e microbiológicas, gerou várias situações inesperadas. Era preciso substituir quase mil professores de nível superior — o nome de José Luis Romero brilhou, ele foi o primeiro reitor depois de 1955 —, dentro de um elenco que incluía Silvio Frondizi, Manuel Sadosky, Telma Reca, Rodríguez Bustamante, Rolando García, Gregorio Klimovsky, Fernández Long. Foi a Universidade neorreformista da esquerda liberal que acusou o peronismo de atraso cultural e controles ideológicos nas áreas do ensino superior. Particularmente nos temas da sociologia — não havia profissão —, criada somente em 1957, em um acordo entre Romero e Germani.

Certamente, a sociologia tinha, desde o início do século XX, antecedentes tão decisivos quanto os de José Ingenieros e Ernesto Quesada, que foram negligenciados por não serem "cientistas" na nova etapa que estava se abrindo. Esse erro foi acumulando sucessivas deficiências na orientação da nascente profissão. Eram, naturalmente, sábios positivistas, tudo o que se quer, mas suas intervenções não poderiam ser ignoradas ou relegadas ao "canto preguiçoso" da história. Além disso, tinham a gravidade de ignorar o ensaio social, tão poderoso no país, cujos nomes, sendo óbvios, pouparemos aqui.

ANTES DA CRIAÇÃO DA ESCOLA DE SOCIOLOGIA

O que se estudava em questões sociológicas durante os últimos anos do peronismo clássico? A matéria estava a cargo de Tecera del Franco na faculdade de Direito, podendo ser encontrada sua orientação principal nos ensinamentos de Hans Freyer, um spengleriano [discípulo de Oswald Spengler] que apoiou a ascensão nacional-socialista e depois readaptou-se na Alemanha Federal. Também atraído por Dilthey, Freyer foi leitura obrigatória para estudantes de sociologia dos anos 1950, na faculdade de Direito, onde estava localizado o Instituto de Sociologia. Tecera del Franco, que foi uma figura constante do peronismo, chegando a atuar como senador daquele partido, havia lido no primeiro Congresso da Associação Latino-americana de Sociologia (ALAS) um trabalho intitulado Teoria do Sindicato, em que, após uma exposição onde o sindicalismo é entendido como um forma de vida primária e natural na sociedade, afirmava que na Argentina "o sindicalismo foi desenvolvido e consolidado como um espírito das instituições múltiplas e bem disciplinadas sindicais que agrupa a CGT e que conta com milhões de afiliados".

No *Boletim do Instituto de Sociologia*, nos anos 1940, que era dirigido pelo próprio Tecera del Franco (que foi até 1966 deputado nacional peronista, então senador menemista e membro ativo da direita nacionalista), o jovem Gino Germani costuma fazer várias intervenções, sempre prudentes, pois apresenta, obliquamente, suas posições adversas a esse oficialismo político, além de uma sociologia comunitária, que o horrorizava no seu íntimo. Assim, em um artigo de 1950 ("*Uma década de discussões metodológicas na sociologia latino-americana*"), Germani expressará a necessidade, por parte de "sociólogos mais jovens, de encontrar uma base metodológica capaz de garantir uma posição mais firme no momento da pesquisa concreta". Ainda que, com os pés de chumbo, mostrasse sua discordância com a "virada especulativa e filosófica que caracteriza a sociologia argentina", recebendo inclusive com desgosto o trabalho de Plácido Horas, no qual tentou defender uma comunhão de técnicas *compreensivas e explicativas* (tomando a terminologia weberiana, que naqueles tempos era novidade) para resolver o problema do método.

Germani, em meados dos anos 1940, é um jovem estatístico, argumentador hábil, conciso, ainda que um tanto rústico armador de cenas teóricas, sendo então funcionário da Editora Abril (os Civita, assim como Germani, também eram imigrantes italianos anti-mussolinistas). Curiosamente, defendia a maior vocação de pesquisa da sociologia brasileira — contra a "predominância culturalista" da Argentina —, mencionando elogiosamente os professores Donald Pierson e L. A. Costa Pinto. O primeiro foi um importante membro da chamada escola de Chicago, que viu em São Paulo a possibilidade de reiterar os temas de uma sociologia urbana em novas sociedades industriais, para as quais a maior cidade do Brasil lhe pareceu um grande laboratório. O segundo, um personagem agradável que em 1963 substituiria Germani — convidado por ele — na cátedra de Sociologia Sistemática na Universidade de Buenos Aires, e que teve um livro, não desprovido de ambição, publicado pela editora Eudeba, chamado *Sociologia da mudança e mudança da sociologia*, que revelava uma influência bastante notável do marxismo clássico. Em 1960, após a fundação em 1957 da Escola de Sociologia, Germani lançou a ASA, Associação Sociológica Argentina, que reuniu os defensores da "sociologia científica" contra o "especulativismo". É assim que Eliseo Verón o explica em *Imperialismo, lutas de classes e conhecimento. 25 anos de sociologia na Argentina*, leitura essencial para reconstruir esses anos.

PESSIMISMO WEBERIANO DE GERMANI

Quando Germani pede demissão, preso por um certo pessimismo weberiano, o próprio Verón — que passaria do marxismo à semiologia e da semiologia a diretor da escola de jornalismo do Clarín — propõe-se como diretor de Escola — ainda no edifício Cadellada, na Rua Flórida, 600 —, mas a ausência de Germani pesava muito. Aproveitando esse vácuo, os antigos sociólogos conservadores, influenciados por Ortega y Gasset, como Alfredo Poviña, tentavam recuperar o terreno que Germani, com seus impulsos de atualização e não sem pouca astúcia, havia conquistado, por sobre esses ociosos personagens que o próprio Germani chamou de "impressionistas" ou "intuicionistas", o que não seria inadequado se entre eles não tivesse cometido o enorme erro de incluir Ezequiel Martínez Estrada, um liberal social que desperdiçava engenhosidade alegórica e inventor de uma espécie de ensaísmo kafkiano-freudiano, de inigualável valor cultural e político. O insólito juízo de Germani sobre Martínez Estrada foi muito caro para a Escola de Sociologia e desviou seus alunos de um patrimônio cultural imprescindível.

Faltavam dois anos para o Golpe de 1966. Os futuros protagonistas da próxima etapa, Roberto Carri e Alcira Argumedo, começaram a se mover por esses corredores universitários e eram jovens assistentes de várias matérias cujos titulares renunciaram em protesto ao ataque militar chamado "Revolução Argentina". Ali começa outra história, pois Onganía se serve rapidamente de professores substitutos que vêm dos cursos de cristianismo — de orientação conservadora —, e de diversos professores e sacerdotes que em raras ocasiões de suas vidas haviam praticado estudos de sociologia, tendo como certo que isso supunha uma opção católica capaz de acompanhar culturalmente o militarismo de capela e a comunhão do onganiato. Mesmo nesses estranhos temas da "sociologia".

SURGIMENTO INESPERADO DAS "CÁTEDRAS NACIONAIS"

Assim, não foi com uma escassa minoria de "professores substitutos" que entraram na Universidade em nome do que já eram os núcleos de cristianismo terceiro-mundista, com posições de esquerda avançadas, que muitas vezes superavam a esquerda já estabelecida nas universidades. Os professores nomeados na direção do Escola e do Instituto de Sociologia vieram do terceiro-mundismo cristão, pertenciam às linhas esquerdas do cristianismo e tinham simpatia pelo que já eram as lendas da resistência peronista. Um deles era o padre Justino O'Farrell, que depois, em 1973, entra na faculdade como decano sendo levantado, para sua surpresa, por uma multidão de estudantes. Antes, depois de poucos mal-entendidos, formaram-se as cátedras nacionais. O nome "cátedra" não alcança tudo que significaram, uma vez que se tratava de uma inusitada repulsa pedagógica, uma espécie de "Comuna de Paris" na Rua Independência, em Buenos Aires, não apenas uma inclinação historiográfica que substituía Halperín Donghi por Hernández Arregui, Gino Germani por Frantz Fanon e Talcott Parsons por Theodor Adorno.

Isso merece um breve comentário. Nessas cátedras foram feitas várias experiências pedagógicas, e o tema do que na época passou a ser chamado de "crise da razão ocidental" levou a introduzir nos estudos atuais os temas da Escola de Frankfurt na Universidade, que eram então ausentes, salvo em algumas cátedras de Filosofia. A leitura de Hegel foi reativada — isso a cargo de Gunnar Olsson, que era companheiro de Alcira Argumedo —, e Roberto Carri se esforçou para criticar e, ao mesmo tempo, retomar os temas de Eric Hobsbawm para estudar os "rebeldes primitivos" do Chaco. Daí seu Isidro Velázquez, *Formas prerrevolucionarias de la violencia*.

Este parágrafo merece um comentário adicional. A Escola de Sociologia fazia parte da Faculdade de Filosofia e Letras. Na minha opinião, sua separação (confiada pelo governo militar de 1976 ao eterno Tecera del Franco, passando-a ao Direito, em que havia estado toda a primeira metade do século XX), foi um erro não só por tentar ligá-la às ciências jurídicas, mas por separá-la da filosofia e da literatura. Quando todas essas dimensões dos estudos de humanidades compartilhavam a mesma unidade pedagógica, é claro que Hegel era a figura principal do momento. O curso de Filosofia contava com um grande professor como Andrés Mercado Vera, titular da Filosofia Moderna. Nessa mesma escola davam aulas a partir das perspectivas latino-americanistas Amelia Podetti — discípula de Mercado, que por sua vez foi discípulo de Carlos Astrada — e José Pablo Feinmann. Ainda com diferentes ênfases, uma vez que as cátedras nacionais eram filhas do que na época era chamado de "encontro entre marxismo e cristianismo", não deixava de haver frequentes contatos e aproximações entre essas experiências que eram profissionalmente heterogêneas, mas tinham inscrições mais ou menos diversas nas amplas avenidas do peronismo.

Outra observação sobre o livro dos "rebeldes primitivos" de Carri: é que Roberto rejeitou Hobsbawm, mas não se baseava pouco nele. Inesperadamente, tentando ser "sociológico", *Isidro Velázquez* de Carri imita à distância o clássico brasileiro *Os sertões* de Euclides da Cunha. A defesa do "banditismo social" contra os "sociólogos sarmientinos" deixou uma marca profunda na Escola da sociologia. O livro afirma ao mesmo tempo um ensaio social, uma rigorosa investigação sobre as condições econômicas do Chaco e um estilo de veemência panfletária, engajado em sua prosa rápida e eloquente. Carri era um homem da esquerda cabal, havia mergulhado nas profundezas das formas mais radicais de lutas sem perder sua capacidade dúctil de reflexão e análise das forças em conflito. Seus debates foram múltiplos, entre outros, com o livro que começou a ser lido em muitas cátedras, antes de 1966, *Estudio sobre los orígenes del peronismo* de Murmis e Portantiero. Influenciado pelas teses de Milcíades Peña, esse livro as recriou com maior sensibilidade acadêmica e uma demonstração mais atenuada das teses propostas pelo veemente Peña.

Esse livro era, pois, o objeto de debates de Carri, que naquela época não estava certo em encontrar seu tema, então chegou a prever que a aglutinação dos trabalhadores nos sindicatos industriais era o norte da revolução. Não durou muito essa apreensão gratuita da UOM, o que se reflete, no entanto, no livro *Sindicatos y Poder en la Argentina*. Sobre a rivalidade com Murmis, Carri me contou certa vez uma anedota engraçada. Os dois mandaram suas filhas para a mesma escola. Em um dia pátrio, a professora ordena que carregassem o piano para outro canto, dizendo aos dois pais que estavam por perto. "Vocês dois aí, senhores pais, me ajudem com o piano." "E, assim, vi-me com Murmis", dirá Carri esboçando um sorriso, "do outro lado do instrumento, fazendo força para carregar o 'artefato' para onde tínhamos sido ordenados".

ALCIRA

Não sei o quanto essa anedota diz sobre as opções políticas e as vicissitudes pessoais, as sociodiceias, diria então um sociólogo de valorosa leitura, que levam a considerar como o social faz e desfaz destinos pessoais. No tocante a Alcira Argumedo, suas aulas desde estes tempos — e também em outra faculdade que acabava de ser criada (a de "Ciências Sociais"), quando voltamos à Universidade após 1983, em uma conjunção que foi e continua sendo problemática —, consolidou seu estilo. "O estilo de Alcira". Ele tinha várias faixas que são difíceis de listar e classificar. Qual é a primeira? Acho que há uma fórmula no início referente à escuta. Escutar é ser incluído em uma história em movimento e nossas liberdades incluem nossos movimentos nos da história. Mas ela, muito mais sigilosa, inclui em nós os dela. Devolve-nos aumentados os que colocamos por acaso em nossos momentos de autonomia. Agora, essa história de que conhecemos em condições que não conhecemos ocorre em um mundo infeliz, de opressões e enganos, cujas causas são econômicas e políticas. Elas sempre têm o apoio de uma linguagem específica que faz a responsabilidade de personagens, textos e elaborações que se chamam precisamente de "intelectuais".

A intelectual Alcira envolvia qualquer problema de determinação econômica na existência anterior de um sujeito, tanto que esse sabia que transitava por alguns solos de determinação ou não tinha nenhuma comprovação deles. Sempre "a política estava no comando", mas essa frase era inútil se não se estudassem as condições de existência real sob as quais os oprimidos se tornam mais um fato de uma rede de domínio mundial.

Foi então necessário descrever essa rede de forma lúcida e penetrante. Alcira fez falarem as estatísticas, os dados em sua voz ganharam vida. Eram dados do que costumo chamar de duros, mas na sua boca eram dados de uma antropomorfia de dominação. Todas as retículas do capitalismo, tanto industrial, financeira, informática, digital, estavam em posição de se reunir na ideia do "Ocidente", que originou dois problemas que em Alcira nos levam muito longe. Alcira costumava enumerar uma longa série de símbolos culturais de povos arcaicos, alguns dos quais temos alguns vestígios preciosos, que, em milhares de anos que não saberíamos como calcular, tinham plenos recursos de vida, conhecimentos médicos, espirituais, materiais, simbólicos, que o mundo posterior e, especialmente, o Ocidente não poderiam emular nem substituir totalmente.

Seja por esquecermos as melhores tradições, ou por termos um império técnico que faz da máquina uma abstração opressiva, vivemos guiados por um simulacro cultural que leva vários séculos, que é coberto de glória de tempos em tempos, pois tem críticos avançados que celebram seus Dante Alighieri e seus Balzac, por que não seus Foucault; e todavia, não se trata de nada mais do que um organismo mental e de guerra, que sugou o melhor das culturas que o próprio Ocidente extinguiu e das quais usufrui secretamente, através de uma tecnologia avançada que em vez de transbordar para a felicidade pública, o que faz é o oposto disso, uma vez que sustenta cada vez mais a vida financeira mundial, secando existências, murchando esperanças.

Essa cultura de racionalidade imperial é a que distribui de forma desigual bens e alimentos, que cria guerras e entontece populações. Alcira graciosamente contava essas situações, que não escondem certas ideias messiânicas sobre a história. Não há dúvida de que uma reivindicação dos povos originais, em que Alcira antecipa o que hoje é chamado de *decolonialismo*, e sua crítica radical ao extrativismo, visam a dar um novo subsolo humanista às suas intervenções teóricas e políticas — tanto na Universidade quanto na Câmara dos Deputados —, destinadas a questionar a falta de virtude política, a verdadeira corrupção que viaja na cabine do capital financeiro internacionalizado.

OSCAR MASOTTA E JACQUES RANCIÈRE

Faz muitos anos — desafio para os bons de memória e para aqueles que ainda não esqueceram o nome de Oscar Masotta —, esse proeminente crítico cultural que mais tarde se tornou um grande representante da escola lacaniana, disse que a esquerda tinha que tomar temas, perguntas e vocábulos "da direita". Masotta menciona, por exemplo, a ideia do destino. E essa ideia, em vez de ser de direita, é uma ideia da arte clássica da Antiguidade e da forma secular das escatologias cristãs. Se os esquerdistas desses anos 60 pareciam estar passando um momento auspicioso, havia também um conjunto de ideias que não evitavam os esquematismos, os encontros rituais e os bloqueios voluntários em sua língua. Tratava-se, então, de fecundar com arte de vanguarda, com novas formas de comunicação popular, com recursos obtidos a partir de escritos clássicos que "os pais da esquerda" já haviam aprovado. Marx havia elogiado Balzac, um homem monárquico que entendia como ninguém a espessura dos setores sociais em uma sociedade como a francesa, competitiva e hipócrita. Trotsky havia descartado totalmente a visão de um comitê literário soviético que havia declarado Dante um escritor da "fase mercantilista", afirmando que havia de observar seus valores culturais permanentes. Marx mesmo escreveu sobre o "charme eterno da arte grega".

Hoje pareceria o contrário. Muitos "temas" de esquerda estão nas mãos de "direitas militantes". Jacques Rancière escreveu há alguns dias que "a denúncia do islamismo-esquerdista é a última etapa de uma campanha ideológica que acompanhou o crescimento da criminalização, de tempos em tempos, para todas as formas de luta pela igualdade. A Revolução Francesa se identificou com *o terror*, as revoluções dos trabalhadores foram referidas ao *Gulag*, os ideais da Resistência vistos apenas através de mulheres raspadas pelo colaboracionismo, o antirracismo denunciado como o *totalitarismo do século XXI*, o anticolonialismo transformado em "racismo anti-branco" e o apoio ao povo palestino oprimido identificado com a defesa de um "Islã terrorista".

Eis aqui o oposto do que pensava Masotta. É o que vai do pensamento dos anos sessenta para esta infame época do século XXI. A direita inverte todas as questões igualitárias para identificá-las com terror. É a direita tomando temas da razão libertária e até mesmo chamando a si própria de "libertária". E Rancière conclui: "Essa permanente criminalização de toda a tradição progressista e revolucionária não foi inspirada na 'velha direita'. Desenvolveu-se dentro da burguesia 'liberal' e de uma intelectualidade 'republicana' vinda da esquerda e da extrema esquerda. É ela que tem elaborado a forma modernizada da velha canção dos ricos que dizem que toda luta contra a injustiça social está condenada a acabar em um terror sanguinário".

Por que nos lembramos desses parágrafos tão atuais e transcendentes de Rancière? A situação na França é em alguma medida semelhante à do nosso país, em termos das mutações que ocorreram na vida intelectual. Para Rancière, os novos estilos políticos "republicanos" franceses são mutações e surtos transformadores de uma parte da esquerda dos anos 1960. Não da extrema direita. Na Argentina, não houve uma direita racialista estável nos últimos anos, embora agora esteja começando a dar seus primeiros passos. Mas daí está saindo uma parte do aparato sensorial dos preconceitos mais sombrios, e não devemos deixar de lado muitos espíritos dos dourados anos revolucionários que fizeram nesse mesmo buraco suas contas "devidas", inclusive dizendo agora que as Malvinas "são inglesas". Não dizemos isso no espírito de calúnia, ou nos achando imunizados diante de qualquer perigo que anteriormente, quando reconhecido, nos tornava corajosos, ainda que em um terreno por vezes falso. Todavia, uma burguesia liberal acadêmica que faz de seu passado uma "história fria" levanta agora sua indignação contra a linha principal dos compromissos políticos argentinos, que atravessaram por várias épocas e que, por sinal, sofrem também sua transformação. No entanto, não se trata de uma reviravolta dramática que coloca todo o passado em jogo a fim de declará-lo errado, absurdo ou meramente melancólico. Alcira viu e soube combater todas essas deserções.

ARMAS DE CRÍTICA, CRÍTICA DAS ARMAS

Em seu momento, Alcira não deu o passo em direção às armas, ao mesmo tempo em que mais tarde não abandonou a memória daqueles que o fizeram — como Roberto Carri, que colocou sua vida em estado de testemunho final. Alcira retomou a vida política tentando uma versão do peronismo que conseguiria expulsar suas formações burocráticas de si mesma. Imaginou, com Pino Solanas, uma instituição partidária com ênfase na questão ambiental, territorial e populacional, aceitando as teses do *buen vivir*. E, por outro lado, teve a solicitude de conceber, na cinematografia documental, uma forma paralela aos ensaios textuais que ela mesma desenvolvia. A propósito, todos os componentes das cátedras nacionais fomos influenciados por Solanas, e, na medida do possível, éramos nós que fazíamos conhecida a *La hora de los hornos* [*A hora dos fornos*] nos bairros populares. Mas, finalmente, foi Albertina Carri, filha mais nova de Roberto, que consegue fazer com *Los rubios* [*Os loiros*], já quando tudo tinha passado, uma história sobre a condição do olhar social, da vida popular, da pesquisa cinematográfica e do próprio cinema como um pensamento visual sobre a história, de modo que se pode dizer que as ciências sociais não tinham logrado da mesma maneira nesses mesmos temas. Pelo menos, isso não ocorreu dentro do escopo que Albertina havia dado à sua reflexão sobre o passado, em que o fator histórico foi definido como um desencaixe ou um desajuste. Uma pequena lembrança: Alcira, Albertina e eu estávamos assistindo a uma amostra anterior de um filme de Pino. Em certo momento se mostra a cena de um adolescente tentando suicídio. Ao final da exibição, no laboratório *Cinecolor*, todos nós aprovamos, exceto Albertina, que disse a um surpreendido Pino: "nenhum adolescente faria isso se quisesse cometer suicídio".

Um tema permanente do pensamento de Alcira era elaborar uma relação possível e efetiva com o marxismo, com o qual não compartilhava sua indiferença à questão colonial — o que o marxismo fazia em nome da astúcia da história —, nem sua teoria da alienação do trabalho, porque a mercadoria não é necessariamente um fetiche que abrange todos os processos de consciência, pois a consciência pode se sentir desvinculada da coerção que emana do "tempo de trabalho socialmente necessário" para subtrair de si mesma o valor da mercadoria, e diferenciar-se da alienação universal capitalista. Deste modo, o ato que é produto do valor do trabalho poderia ser autônomo, da forma como funcionaria a "consciência pública" quando está em jogo um motivo coletivo de natureza popular-nacional. Ali surgiria, então, o momento da autoconsciência coletiva e, portanto, a "mais-valia de fábrica" poderia ser compensada enquanto começam a vivificar os movimentos nacionais, que funcionam em outra instância de identificação emancipatória. E isso acontece quando há o desacoplamento da vida nacional de formas de dependência imperialistas. Daí a "opção pelo peronismo".

Sei que resumi muito estreitamente as variadas linhas de discussão que se manifestaram nas "cátedras nacionais", que incorporaram: a crítica da racionalidade instrumental por meio de Adorno; a crítica do europeísmo por meio de Jauretche, de Peter Worsley e Wright Mills, esse último grande herdeiro do pragmatismo de esquerda norte-americano; a crítica ao colonialismo cultural por meio de Cooke, Fanon ou Hernández Arregui; e a leitura de Hegel ou Sartre, dependendo da circunstância ou do professor de cada disciplina. Alguns fizeram essa leitura de forma muito específica. No meu caso, a matéria Nação e Estado, cujo titular era Justino

O'Farrel, tendo por adjunto Gunnar Olsson e por único assistente aquele que vos escreve; nela, se estudava muito marcadamente a *Filosofia do Direito* de Hegel. De Olsson — as magníficas aulas do companheiro de Alcira estão preservadas — devo dizer que era nosso mestre hegeliano. Não faltava ali a leitura dos escritos militares de Perón sobre a Guerra Russo-Japonesa de 1905, a Guerra Franco-Prussiana de 1871 e as *Notas sobre a história nilitar*, sob a notória influência de Clausewitz. Isso é, de uma forma bastante original, a "teoria da guerra", pouco presente na universidade, mas nessa matéria era um tema essencial, como o foi na Antiguidade e em essência o é sempre, hoje com ainda maior razão.

ALCIRA E A TESE DA ALIENAÇÃO POPULAR

Alcira acrescentou a tudo isso — que apenas resumi bem parcialmente, pois foram anos muito vertiginosos em termos de leituras e compromissos políticos — uma forma expositiva e uma tese sobre a universalidade alienada da etnia europeísta. Alcira buscava nas culturas mais arcaicas, sobretudo naquela do nosso continente, em séculos muito antes da presença conquistante dos reinados europeus, as bases de um pensamento mais rico do que a racionalidade ocidental. Para ela, Kant ou Foucault estavam bem se fosse uma questão de falar sobre uma certa "ontologia do presente", mas eles falhavam em qualquer comparação que se pudesse fazer com os pensamentos éticos, anti-disciplinares ou "anti-dispositivos" de qualquer um dos povos da Antiguidade não tocados pelos "Logos cartesiano". Sem dúvida, tudo isso é uma questão de discussão, mas é o antecedente mais evidente da discussão de que hoje se encarregam os estudos decoloniais ou as epistemologias do Sul. Com toda essa carga, Alcira causou surpresa em uma Câmara dos Deputados chata e só veemente quando chegava o momento do insulto e da agressividade. Ela, com sua serenidade, irônica às vezes, e oradora refinada nas tribunas da plebe, demonstrava seu amor por cifras e dados, fazendo-os viver dentro de uma história, de onde vieram. Diferentemente de quando se escuta professores e deputados mencionarem essas cifras como se estivessem implorando que acreditem neles, para Alcira, um grupo de dados ou uma tendência estatística operavam em seus discursos como seres vivos. Semearam o caminho para o que realmente importava. Mostrar um desastre político, humano e civilizatório, dar uma olhada sobre o abismo e esboçar, em seguida, não sem ingredientes mito-proféticos, o modo como os povos poderiam se salvar de seus infortúnios.

SOBRE O AUTOR

Horacio González nasceu em Buenos Aires em 1º de fevereiro de 1944, e morreu na mesma cidade em 22 de junho de 2021. Estudou Sociologia na Faculdade de Filosofia e Letras da Universidad de Buenos Aires, onde entre fim dos anos 1960 e começo da década seguinte participou da experiência das chamadas "cátedras nacionais", fez a apresentação de uma seleção dos *Cadernos do cárcere* de Antonio Gramsci e editou, junto a um ativo grupo de militância política e intelectual na zona esquerda do peronismo, a revista *Envido*. Com a barbárie repressiva desatada na Argentina em 1976, foi obrigado a viajar para São Paulo, Brasil, onde durante seis anos lecionou, escreveu meia dúzia de livros preciosos de divulgação cultural para a editora Brasiliense e trabalhou, sob orientação de Gabriel Cohn, na preparação de sua tese de doutoramento, que voltaria para defender alguns anos depois (já estava instalado de volta em seu país) e que se converteria em um livro lançado em 1992, *La ética picaresca*.

A atividade intelectual de González se desenvolveu entre sua vida acadêmica na Universidade (a UBA, a de Rosario, e de La Plata), sua colaboração com o governo da vigorosa comuna de Puerto

General San Martín, onde pode desenvolver uma interessantíssima experiência político-cultural, e seu trabalho de escritor: escreveu incontáveis artigos, podendo se destacar os que publicou a revista *Unidos* (de alguma maneira continuação, mas em outro tempo e com outra agenda, da juvenil *Envido* da década anterior, e varios livros. Nos anos 1990, realizou a experiência da revista de crítica cultural *El Ojo Mocho*, que ainda hoje (com um renovado corpo editorial) segue sendo editada, escreveu uma quantidade de textos luminosamente críticos sobre o perigo do avanço da lógica meritocrática, hierarquizante e mercantilista que presidia e preside a vida universitária e publicou — entre outros muitos trabalhos sobre diversos temas — um de seus livros maiores — *Restos Pampeanos*, de 1999.

Iniciado o novo século, e com ele um novo ciclo político na Argentina, González foi designado diretor da Biblioteca Nacional da República Argentina, a qual renovou e democratizou ao largo de dez anos de uma gestão em muitos sentidos deslumbrante. Nesses anos publicou seu fundamental *Perón* (2007), sua *Historia de la Biblioteca Nacional* (2010), livros notáveis sobre Ugarte, sobre Borges, sobre o peronismo, sobre o problema da tradução e sobre os grandes mitos que fundam as nações, além de extensos artigos sobre os mais diversos temas nas páginas da revista *La Biblioteca* (que fez aparecer pela terceira vez, depois dos períodos em que foi dirigida, celebremente, por Paul Groussac e pelo próprio Borges), e três romances. Nos anos seguintes foi um crítico agudo do governo do empresário Maurício Macri. Seu livro *Humanismo, impugnación y resistencia*, no qual trabalhou durante os últimos meses de sua vida, foi lançado em edição póstuma.

SOBRE AS ILUSTRAÇÕES

Ilustrações de capa e miolo: Martens, Conrad (1839). Narrative of the surveying voyages of his Majesty's ships Adventure and Beagle between the years 1826 and 1836 describing their examination of the sourthern shores of south America and the beagles circumnavegation of the globe. Londres: Henry Colburn, 1839 [3 volumes, placas]. Coleção Biblioteca Nacional do Chile. Disponível em: www.memoriachilena.gob.cl.

Conrad Martens (Londres, 1801 - Sydney 1878) estudou pintura com o aquarelista Copley Fielding, tornando-se um pintor e desenhista. Em 1833, no Rio de Janeiro, durante uma escala em uma expedição à Índia na qual havia sido contratado como artista topográfico, ele foi convidado pelo navegador Robert Fitz-Roy, capitão do HMS Beagle, a juntar-se a uma outra expedição que passaria pelo Estreito de Magalhães, em substituição de Augustus Earle, que havia adoecido. Ele se juntou assim à segunda viagem do HMS Beagle durante dois anos. A bordo, ele fez amizade com Charles Darwin, que participava da expedição como um naturalista auto-financiado.

Durante a viagem, Martens produziu mais de 400 imagens, principalmente aquarelas e desenhos com caneta e lápis, dos quais cerca de 250 têm como tema a Patagônia, Tierra del Fuego e a costa sul do Pacífico americano. Estes deram origem a quatro cadernos, em formato paisagem, todos eles cheios de anotações. Martens deixou o Beagle em Valparaíso em 1834 e viajou para o Taiti e várias ilhas do Mar do Sul, incluindo a Nova Zelândia, antes de chegar a Sydney em 1835, acabando por se estabelecer ali com uma valiosa coleção de esboços.

Martens se tornou um dos mais competentes, destacados e prolíficos pintores paisagistas da colônia australiana. Darwin e o capitão Fitz-Roy lhe encomendaram várias pinturas das viagens do Beagle pela Tierra del Fuego e o Pacífico, cujas imagens foram selecionadas para compor a proposta gráfica deste livro.

SOBRE O ORGANIZADOR

Eduardo Rinesi nasceu em 1964. Estudou Ciência Política na Universidad Nacional de Rosario entre os anos finais da última ditadura e os primeiros da "transição democrática". Continuou seus estudos na FLACSO de Buenos Aires, onde no começo dos anos 1990 completou seu mestrado em Ciências Sociais, sob a orientação de José Nun, com uma tese de entonação rousseauniana sobre os problemas da representação política, e uma década depois na Universidade de São Paulo, Brasil, onde terminou seu doutorado em Filosofia, com a orientação de Renato Janine Ribeiro, com um trabalho sobre Hamlet e as relações entre política e tragédia. Durante todos esses anos (em que trabalhou na UNR, na Universidad de Buenos Aires e na Universidad Nacional del Centro de la Provincia de Buenos Aires) suas preocupações estiveram fortemente determinadas por seu trabalho no departamento de Sociologia da UBA com seus mestres Alcira Argumedo, Oscar Landi (sobre quem escreveria, em 2013, a dez anos da sua morte, *¿Cómo te puedo decir?*) e especialmente Horacio González, a quem acompanhou durante décadas no curso de "Teoria Política e Teoria Estética", em diversas iniciativas nos terrenos da pesquisa universitária, na publicação de trabalhos coletivos e na edição da revista de crítica cultural El *Ojo Mocho*.

Sua tese de doutorado se converteu em livro, *Política e Tragédia*, publicado no Brasil pela Azougue Editorial. Antes, escreveu vários artigos e alguns livros sobre teoría política, política argentina e comunicação política. Depois seguiu em torno da obra de Shakespeare como chave para uma teoria política renovada, *Las máscaras de Jano* (2009), *El síndrome de Elsinor* (2013), *Muñecas rusas* (2013), *Actores y soldados* (2016), *Restos y desechos* (2019) e *¡Qué cosa, la cosa pública!* (2021), além de sua tradução de *Hamlet*. Paralelamente a seus estudos sobre estes temas, seu trabajo como pesquisador e docente no Instituto del Desarrollo Humano de la Universidad Nacional de General Sarmiento o levou a desempenhar sucessivamente a função de diretor do Instituto entre 2003 e 2010 e de reitor da Universidade entre 2010 e 2014. Ocupou-se da questão universitária em livros como *Filosofía (y) política de la Universidad* (2015), *Dieciocho* (2018) y *Universidad y democracia* (2020). Há mais de dez anos leciona "Política" na UNGS: como fruto desta experiência publicou *La política* em 2020. E há mais de trinta anos leciona "Sociologia" no sexto ano do Colegio Nacional de Buenos Aires: o resultado é seu livro *Curso de Sociología*, de 2021. Nesse mesmo ano, seu livro *Si el hombre va hacia el agua* reúne seus escritos políticos das duas últimas décadas.

FUNDAÇÃO
DARCY RIBEIRO

Azougue Press

coordenação geral Sergio Cohn

coordenação editorial

Sergio Cohn — Darien Lamen — Cristián Jiménez Plaza

Brasil | CNPJ 12.272.339/0001-26

Portugal | NF 515805394

USA | E. Id. 803650511

Chile | tucán ediciones RUT 77.369.106-1

www.ingramcontent.com/pod-product-compliance
Ingram Content Group UK Ltd.
Pitfield, Milton Keynes, MK11 3LW, UK
UKHW062304290726
14090UKWH00018B/882

9 788563 574695